112 vragen over de zorgverzekeringswet

Christine Beerepoot
Henriëtte van der Horst

112 vragen over de zorgverzekeringswet

Alles wat huisartsen moeten weten

Bohn
Stafleu
van Loghum

Houten 2016

ISBN 978-90-368-1315-0   ISBN 978-90-368-1316-7 (eBook)
DOI 10.1007/978-90-368-1316-7

© Bohn Stafleu van Loghum, onderdeel van Springer Media BV 2016
Alle rechten voorbehouden. Niets uit deze uitgave mag worden verveelvoudigd, opgeslagen in een geautomatiseerd gegevensbestand, of openbaar gemaakt, in enige vorm of op enige wijze, hetzij elektronisch, mechanisch, door fotokopieën of opnamen, hetzij op enige andere manier, zonder voorafgaande schriftelijke toestemming van de uitgever.

Voor zover het maken van kopieën uit deze uitgave is toegestaan op grond van artikel 16b Auteurswet j° het Besluit van 20 juni 1974, Stb. 351, zoals gewijzigd bij het Besluit van 23 augustus 1985, Stb. 471 en artikel 17 Auteurswet, dient men de daarvoor wettelijk verschuldigde vergoedingen te voldoen aan de Stichting Reprorecht (Postbus 3060, 2130 KB Hoofddorp). Voor het overnemen van (een) gedeelte(n) uit deze uitgave in bloemlezingen, readers en andere compilatiewerken (artikel 16 Auteurswet) dient men zich tot de uitgever te wenden.

Samensteller(s) en uitgever zijn zich volledig bewust van hun taak een betrouwbare uitgave te verzorgen. Niettemin kunnen zij geen aansprakelijkheid aanvaarden voor drukfouten en andere onjuistheden die eventueel in deze uitgave voorkomen.

NUR 870/820
Basisontwerp omslag: Studio Bassa, Culemborg
Automatische opmaak: Scientific Publishing Services (P) Ltd., Chennai, India

Bohn Stafleu van Loghum
Het Spoor 2
Postbus 246
3990 GA Houten

www.bsl.nl

Inleiding

In dit boekje gaan we in op de belangrijkste vragen die er bij huisartsen en hun patiënten (kunnen) leven over de Zorgverzekeringswet (Zvw). De Zvw is inmiddels tien jaar van kracht. De invoering ervan per 1 januari 2006 bracht veel onrust en vragen met zich mee. Vele partijen, onder andere de Raad van State, De Europese Commissie, artsen, patiëntenorganisaties, maar ook zorgverzekeraars, hadden destijds kritische kanttekeningen bij deze wet.

Tien jaar later kunnen we vaststellen dat de invoering van de nieuwe wet geen grote problemen tot gevolg heeft gehad.

In het Nederlandse zorgstelsel neemt de huisarts een bijzondere plaats in. Het merendeel van de klachten, aandoeningen en gezondheidsproblemen waarmee mensen naar de huisarts komen, wordt in de eerste lijn behandeld. Alleen als er aanvullende diagnostiek of een behandeling nodig is die in een specialistische setting uitgevoerd moet worden, verwijst de huisarts door naar een specialist in de tweede of derde lijn. De huisarts vervult daarmee een poortwachtersfunctie in het Nederlandse gezondheidszorgsysteem, dat in internationaal vergelijkend onderzoek steevast hoog eindigt als het gaat om kwaliteit. Ook in de laatste Euro Health Consumer Index, een beoordeling van de gezondheidszorgsystemen vanuit het perspectief van de patiënt, neemt Nederland wederom de toppositie in.

Het belang dat we in Nederland hechten aan de poortwachtersfunctie van de huisarts blijkt ook uit het feit dat deze poortwachtersfunctie in ons land wettelijk verankerd is.

Een tijdige en – in principe niet door financiële drempels beperkte – toegang tot basiszorg is een essentieel onderdeel van ons goed functionerende gezondheidszorgsysteem. De huisartsenzorg valt niet onder het verplicht eigen risico met dien verstande dat de medicijnen die de huisarts voorschrijft en het diagnostisch onderzoek, zoals bloedonderzoek of röntgenfoto's, wel onder het eigen risico vallen.

Het principe dat de huisarts het eerste aanspreekpunt is voor vragen over gezondheid en ziekte en de poortwachtersfunctie van de huisarts, leiden ertoe dat juist de huisarts degene is die veel vragen krijgt van patiënten over allerlei aspecten van de Zvw. Ook de recente veranderingen in de organisatie en vergoedingsregelingen van de GGZ roepen veel vragen op bij zowel huisartsen als patiënten. Een derde factor die bijdraagt aan mogelijke onduidelijkheden in en vragen over de Zvw, is dat de huisartsenpraktijk sterk veranderd is in de laatste tien jaar. Praktijkondersteuners somatiek en GGZ hebben in bijna alle praktijken hun intrede gedaan, de solistisch werkende huisarts, die samen met een praktijkassistent zijn praktijk runt, komt steeds minder vaak voor. Veel huisartsen werken in een of ander samenwerkingsverband, zoals een HOED, coöperatie of zorggroep, samen.

In dit boek proberen we op al die vragen over de Zvw een antwoord te geven.

Omdat de huisartsenzorg een onderdeel van het samenhangend curatieve gezondheidszorgsysteem is, stippen we de overige zorgvormen die onder de Zvw vallen, eveneens kort aan. Daarnaast beschrijven we de systematiek van de Zvw en de voornaamste elementen die van belang zijn voor het tot stand komen van de zorgverzekering. Het gaat dan bijvoorbeeld om het toepassingsbereik van de wet: wie is verzekerd, wat zijn de rechten en plichten die voortvloeien uit de zorgverzekering? Ook de eigen betalingen, het eigen risico en de rechtsbescherming komen aan bod. Tevens hebben we een aantal vragen opgenomen over de nieuwe tarievenstructuur voor de huisartsenzorg.

De Zvw staat niet op zichzelf, maar is ingebed in een groter geheel van wetten en regelgeving rond langdurige zorg en sociale ondersteuning. De huisarts heeft ook te maken met zorgvragen en doorverwijzingen die buiten de geneeskundige zorg liggen.

Per 1 januari 2015 is de stelselwijzing in de langdurige zorg doorgevoerd. Dit heeft geleid tot een herpositionering van de zorgvormen binnen de verschillende wettelijke kaders. De Zvw is een sociale ziektekostenverzekering voor geneeskundige zorg. De Wet langdurige zorg (voorheen Algemene Wet Bijzondere Ziektekosten (AWBZ)) is een verzekering voor verzekerden met een somatische of psychogeriatrische aandoening of beperking of een verstandelijke, lichamelijke of zintuiglijke beperking, die blijvend behoefte hebben aan permanente zorg om escalatie of ernstig nadeel te voorkomen dan wel behoefte hebben aan 24 uur per dag zorg.

In datzelfde jaar is de Wet maatschappelijke ondersteuning 2015 (Wmo 2015) ingevoerd. Deze nieuwe wet geeft de gemeenten de verantwoordelijkheid voor de maatschappelijke ondersteuning van hun inwoners. Het gaat om het ondersteunen van de zelfredzaamheid en participatie van mensen met een beperking, of mensen met chronische psychische of psychosociale problemen. De ondersteuning is erop gericht om mensen zo lang mogelijk in hun eigen leefomgeving te laten blijven.

Om die reden zullen we ook kort ingaan op het doel en de aard van deze aanverwante wetgeving.

Tot slot kan niet onvermeld blijven dat het Nederlandse zorgstelsel internationaal hoog staat aangeschreven. Met name het systeem van de huisarts als poortwachter en als eerste aanspreekpunt voor het merendeel van de zorgklachten wordt door andere landen met interesse gevolgd.

In dit boekje beogen we geen wetenschappelijke en zuiver juridische verantwoording te geven van het systeem noch een politiek statement te maken. We hopen dat het voorziet in de behoefte om antwoorden te krijgen op dagelijkse vragen die zich in de huisartsenpraktijk voordoen. De auteurs hebben hun bijdrage op persoonlijke titel geleverd.

> **Up-to-date informatie online beschikbaar**
> De Zorgverzekeringswet (Zvw) wordt regelmatig aangepast. Om te zorgen dat u toegang heeft tot up-to-date informatie zullen de auteurs op de website Praktische huisartsgeneeskunde de in dit boek geformuleerde antwoorden zodra nodig in geactualiseerde vorm presenteren. Via ▶www.phgonline.nl/112vragen komt u direct op de juiste webpagina.

Inhoud

1 **Zorgverzekeringswet, het systeem** 1

2 **Pakket** 9

3 **Premies, eigen betaling, eigen risico en zorgtoeslag** 19

4 **Kwaliteit** 25

5 **Zorgverzekeringswet en de huisarts** 29

6 **Uitvoering Zorgverzekeringswet** 33

7 **Tarieven huisartsen** 37

8 **Aanverwante wetgeving** 41

Bijlagen 47
Bijlage 1 48
Bijlage 2 50
Bijlage 3 52
Bijlage 4 53

Zorgverzekeringswet, het systeem

© Bohn Stafleu van Loghum, onderdeel van Springer Media BV 2016
C. Beerepoot, H. van der Horst, *112 vragen over de zorgverzekeringswet*,
DOI 10.1007/978-90-368-1316-7_1

1. Wat is geregeld in de Zvw?

Met het invoeren van de Zvw is gekozen voor één verzekering voor geneeskundige zorg voor iedereen. De geneeskundige zorg waarop de verzekerde recht heeft, is functiegericht omschreven. Dit houdt in dat bij wettelijk voorschrift geregeld is *wat* er onder de aanspraken valt (de inhoud en omvang van de zorg) en *wanneer* (de indicatiegebieden) er aanspraak bestaat. De zorgverzekering die is afgesloten tussen de verzekeringnemer en de zorgverzekeraar, wordt vastgelegd in een akte. Dit is de zogenoemde zorgpolis of zorgovereenkomst. De verschillende soorten polissen worden wel aangeduid als naturapolis, restitutiepolis en budgetpolis.

Wie de zorg verleent en waar die wordt verleend, is in het gekozen functiegerichte systeem een verantwoordelijkheid van de zorgverzekeraar. Deze moet daarover afspraken maken met de verzekerde in de zorgovereenkomst. Dit geldt ook voor de procedurele voorwaarden, zoals toestemmingsvereisten, verwijzingen en voorschrijfvereisten. In de zorgpolis staat vermeld welke zorg door wie wordt verleend, waar deze wordt verleend en welke voorwaarden gelden voor het aanspraak kunnen maken op deze zorg en de vergoeding van de kosten ervan. Het is verder van belang dat in deze overeenkomst staat beschreven aan welke hoedanigheid, bekwaamheid of geschiktheid een zorgverlenende persoon of instelling moet voldoen, wil de verleende zorg voor rekening van de zorgverzekering komen. Hierdoor kunnen de polissen onderling verschillen. Dit maakt het mogelijk dat verzekeringsplichtigen meer keuzemogelijkheden hebben in zowel verzekeringen als het soort zorg.

In dit boekje wordt geen onderscheid meer gemaakt tussen zorgpolis en zorgverzekering en zal steeds worden gesproken over *de zorgverzekering*.

2. Welke waarborgen biedt de Zvw de verzekerden?

De Zvw is een verplichte verzekering voor de gehele bevolking met een sociaal karakter in de vorm van risico- en inkomenssolidariteit. De risicosolidariteit is geborgd door een plicht voor zorgverzekeraars om alle Nederlandse ingezetenen als verzekerden te accepteren voor een door de overheid vastgesteld basispakket. Daarbij geldt een verbod op premiedifferentiatie naar aan de persoon gerelateerde factoren. Er hoort ook een risicovereveningssysteem bij dat verzekeraars compenseert voor verschillen in risicoprofiel van de verzekerden, en dat wordt gevoed met inkomensafhankelijke bijdragen van verzekeringsplichtigen en met rijksbijdragen. De inkomenssolidariteit wordt vormgegeven door de inkomensafhankelijke bijdrage van verzekeringsplichtigen en een wettelijke zorgtoeslag.

3. Dient iedereen zich verplicht te verzekeren in Nederland?

De hoofdregel in de Zvw is dat alle ingezetenen en niet-ingezetenen die in Nederland loonbelasting betalen, verplicht zijn om een zorgverzekering af te sluiten met een zorgverzekeraar van hun keuze. De verzekering ontstaat derhalve, in tegenstelling tot de verzekering op langdurige zorg, niet van rechtswege. Of anders gezegd, de verzekering ontstaat niet doordat dit in de wet is bepaald. De verzekeringsplichtige dient zelf een contract af te sluiten met de zorgverzekeraar van zijn keuze.

De verzekeringsplicht houdt in dat de verzekeringsplichtige ervoor moet zorgen dát hij verzekerd is. Het is niet verplicht dat de verzekeringsplichtige zichzelf verzekert. Hij kan dit namelijk door iemand anders laten regelen. Dit maakt het mogelijk dat kinderen en onder curatele, bewind of mentorschap gestelde meerderjarigen, die allen verzekeringsplichtig zijn, door de wettelijk vertegenwoordigers verzekerd kunnen worden. Militairen in functie en gemoedsbezwaarden zijn niet verzekeringsplichtig.

4. Wat gebeurt er als een verzekeringsplichtige zich niet verzekert?

Als de verzekeringsplichtige binnen drie maanden nadat het Zorginstituut hem erop heeft gewezen dat hij nog geen zorgverzekering heeft afgesloten, niet verzekerd is, legt het Zorginstituut een boete op. De boete bedraagt in 2016 € 366,99. De hoogte van deze boete is wettelijk bepaald. Hij krijgt een tweede boete (nogmaals € 366,99) indien hij niet binnen drie maanden na de eerste boete een zorgverzekering afsluit. Indien een verzekeringsplichtige zich na negen maanden nadat het Zorginstituut hem erop heeft gewezen dat hij een zorgverzekering dient af te sluiten, nog geen zorgverzekering heeft afgesloten, sluit het Zorginstituut een zorgverzekering af voor deze verzekeringsplichtige. De verzekeringsplichtige betaalt in dat geval zijn nominale premie aan het Zorginstituut.

5. Illegaal in Nederland verblijvende vreemdelingen zijn niet verzekerd ingevolge de Zvw. Kan een huisarts de kosten dan wel ergens verhalen indien hij medisch noodzakelijke zorg dient te verlenen?

De huisarts kan een beroep doen op een regeling tot vergoeding van de zorgkosten, als een onverzekerbare illegaal verblijvende vreemdeling deze niet zelf kan betalen. De huisarts dient daartoe een aanvraag in bij het Zorginstituut. Het moet dan wel gaan om een vreemdeling die medisch noodzakelijke zorgverlening nodig heeft. Het Zorginstituut kan een bijdrage verstrekken van maximaal 80 % van de oninbare vordering. Voor een consult mag de huisarts het passantentarief hanteren. Bij zwangerschaps- en bevallingsbegeleiding bedraagt de vergoeding 100 %. Verder dient de huisarts onverzekerbare vreemdelingen voor geneesmiddelen en ziekenhuiszorg alleen te verwijzen naar de door het Zorginstituut gecontracteerde apotheken en ziekenhuizen.

6. Krijgt de huisarts de zorg die aan asielzoekers wordt verleend, vergoed?

De Nederlandse zorgautoriteit (NZa) heeft een factsheet 'Bekostiging huisartsenzorg aan asielzoekers' opgesteld. Hierin is uiteengezet hoe de bekostiging van huisartsenzorg aan vluchtelingen, asielzoekers en mensen met een verblijfsvergunning is geregeld. Deze factsheet is als bijlage opgenomen in dit boekje.

7. Als een verzekeringsplichtige gemoedsbezwaren heeft, is hij dan toch verplicht een zorgverzekering af te sluiten?

Nee, verzekeringsplichtigen die op grond van hun geloofsovertuiging bezwaar hebben tegen elke vorm van verzekering als zodanig, kunnen van deze verzekeringsplicht worden uitgezonderd. Eventuele gemoedsbezwaren worden alleen gehonoreerd wanneer die gelden met betrekking tot zowel de Wet langdurige zorg (Wlz) als de Zvw. De uitwerking van beide wetten is wel verschillend. Bij gemoedsbezwaren blijft in het geval van de Wlz de verzekering als zodanig bestaan, maar wordt de betrokkene vrijgesteld van de verplichting tot premiebetaling. In het geval van de Zvw vervalt de verplichting tot het sluiten van een zorgverzekeringsovereenkomst. Uiteraard ontstaat dan ook niet de verplichting tot het betalen van de nominale premie. De gemoedsbezwaarde heeft dan ook geen recht op zorgtoeslag. In plaats van de inkomensafhankelijke bijdrage van verzekeringsplichtigen is de gemoedsbezwaarde een verhoogd bedrag aan inkomstenbelasting verschuldigd aan de Belastingdienst. De Belastingdienst hevelt deze middelen over naar het Zorginstituut, die deze middelen aanhoudt als een 'spaartegoed' per huishouden. De gemoedsbezwaarde kan zijn zorgkosten (basispakket Zvw) declareren bij het Zorginstituut. Deze zogenaamde gemoedsbezwaarden kunnen wel op hun gemoedsbezwaren terugkomen en zich alsnog verzekeren.

8. Kan een gedetineerde gebruikmaken van zijn zorgverzekering gedurende zijn detentie?

Nee, een verzekerde die ten gevolge van een rechterlijke uitspraak gedetineerd wordt, is gedurende zijn detentie aangewezen op de geneeskundige zorg die hem namens de minister van Justitie voor rekening van die minister wordt verstrekt. De rechten en plichten uit de zorgverzekering worden opgeschort over de perioden waarin de minister van Justitie verantwoordelijk is voor de zorgverlening. Zodra de detentie eindigt, zijn de rechten en plichten uit de afgesloten zorgverzekering weer van toepassing.

9. Kunnen zorgverzekeraars weigeren om verzekeringsplichtigen te verzekeren?

Nee, zorgverzekeraars hebben een wettelijke acceptatieplicht voor het verzekerde basispakket. De zorgverzekeraar moet voldoen aan het verzoek van een verzekeringsplichtige om een zorgverzekering af te sluiten. Risicoselectie, dat wil zeggen selectie op medisch risico of andere kenmerken van verzekerden, zoals leeftijd, geslacht, woonplaats, is niet toegestaan. Personen die ziek zijn op het moment dat zij een zorgverzekering willen afsluiten, moeten altijd door de zorgverzekeraar worden geaccepteerd.

10. Wat betekent de functiegerichte omschrijving van de te leveren zorg?

De functiegerichte omschrijving houdt in dat alleen nog maar bij wettelijk voorschrift geregeld is *wat* er onder de aanspraken valt (de inhoud en omvang van de zorg) en *wanneer* (de indicatiegebieden) er aanspraak bestaat. Wie de zorg verleent en waar die wordt verleend, is in het gekozen functiegerichte systeem een verantwoordelijkheid van de zorgverzekeraar. Deze moet daarover afspraken maken met de verzekerde in de zorgovereenkomst. Hiermee wordt bijvoorbeeld de mogelijkheid geboden aan de zorgverzekeraar om, naast de huisarts, de bedrijfsartszorg te contracteren, zodat een werknemer ook de zorg kan ontvangen bij de bedrijfsarts. Daarnaast is het mogelijk dat bepaalde zorgonderdelen niet worden gecontracteerd door de zorgverzekeraar bij de huisarts, maar bijvoorbeeld bij een gespecialiseerde diabetesverpleegkundige. De zorgverzekeraar heeft ook de mogelijkheid om bepaalde onderdelen van de zorg die medisch specialisten plegen te bieden, te contracteren met de huisarts.

11. Als er geen risicoselectie mogelijk is, vragen zorgverzekeraars met een ongezonde verzekerdenpopulatie dan een hogere nominale premie?

Nee. De acceptatieplicht die de Zvw aan de zorgverzekeraars oplegt, kan inderdaad ertoe leiden dat er zorgverzekeraars zijn die een onevenredig groot aantal mensen met een ongunstig verzekeringsrisico in hun verzekerdenbestand hebben. Om te voorkomen dat hieruit voor de zorgverzekeraar een financieel nadeel voortvloeit, is een zogenoemd systeem van risicoverevening ingevoerd. De zorgverzekeraars ontvangen een bijdrage uit het Zorgverzekeringsfonds van het Zorginstituut, dat de hoogte van de bijdrage vaststelt op basis van de verzekerdenkenmerken die de zorgverzekeraar in portefeuille heeft. Daardoor wordt bewerkstelligd dat iedere door de zorgverzekeraar te accepteren burger voor hem een gelijk verzekeringsrisico vormt. Hierdoor zullen de zorgverzekeraars een nominale premie op de markt zetten die kan concurreren met de andere zorgverzekeraars.

12. Wat is het onderscheid tussen een natura- en een restitutiepolis?

Zorgverzekeringen worden in twee varianten aangeboden:
1. De naturapolis: de verzekerde sluit een polis af en heeft vervolgens recht op alle zorg die in de polis gedekt is en die wordt geleverd door de aanbieders die daartoe zijn gecontracteerd door de zorgverzekeraar. De kosten worden door de aanbieders rechtstreeks bij de zorgverzekeraar gedeclareerd. Als een patiënt zorg wil afnemen bij niet-gecontracteerde aanbieders, zal hij de kosten ervan gedeeltelijk zelf moeten betalen.
2. De restitutiepolis: de verzekerde sluit een polis af waarbij de zorg geleverd mag worden door alle gekwalificeerde zorgaanbieders. Bij een restitutiepolis stuurt de zorgaanbieder in beginsel eerst de rekening naar de verzekerde, die deze vervolgens kan declareren bij zijn zorgverzekeraar. In het Vogelaarakkoord is afgesproken dat huisartsen hun declaraties altijd rechtstreeks naar de verzekeraar kunnen sturen, onafhankelijk van de polisvorm.

13. Wie stelt de hoogte van de nominale premie vast?

De zorgverzekeraar stelt de hoogte van de nominale premie vast. De zorgverzekeraar mag niet differentiëren in de hoogte van de nominale premie *per zorgpolis*. *Per polisvariant* kan de verzekeraar wel een onderscheid maken in de hoogte van de nominale premie.

14. Wat is een budgetpolis?

Op de verzekeringsmarkt wordt wel gesproken van budgetpolissen. Dit zijn over het algemeen zorgpolissen met een lagere premie die bepaalde beperkende kenmerken hebben zoals beschreven in de marktscan Zorgverzekeringsmarkt van de NZa. Het kan daarbij gaan om:
- selectieve contractering van zorgaanbieders;
- een relatief lage vergoeding voor niet-gecontracteerde zorg;

- de verplichting om geneesmiddelen en/of hulpmiddelen online te bestellen bij een bepaalde aanbieder;
- de verplichting om declaraties via internet in te dienen;
- de verplichting om administratieve zaken via internet te regelen.

15. Is de zorgverzekeraar verplicht ervoor te zorgen dat de zorg geleverd wordt?

Ja, de zorgverzekeraar heeft de verplichting ervoor te zorgen dat een verzekerde de zorg, of vergoeding van de kosten van zorg alsmede desgevraagd zorgbemiddeling krijgt, als hij behoefte aan zorg heeft. Het gaat hierbij niet alleen om de inhoud en omvang van de zorg, maar ook om de kwaliteit, tijdigheid en bereikbaarheid van de verzekerde zorg. De zorgverzekeraar heeft tegenover zijn verzekerden een zorgplicht die inhoudt dat de verzekerde bij wie het verzekerde risico zich voordoet, op grond van de zorgverzekering recht heeft op zorg als er sprake is van een naturapolis. Wanneer er sprake is van een restitutiepolis, heeft de verzekerde recht op vergoeding van de kosten van de zorg. De zorgplicht bij een restitutiepolis houdt in dat de zorgverzekeraar verplicht is om activiteiten gericht op het verkrijgen van deze zorg te ondernemen. Deze activiteiten van de zorgverzekeraar bestaan uit bemiddeling met de zorgaanbieder over de aan te bieden zorg.

16. Kan een verzekerde zijn zorgverzekering opzeggen?

Ja, de verzekerde heeft het recht zijn zorgverzekering jaarlijks op te zeggen. Of de zorgverzekering nu een overeenkomst voor onbepaalde tijd is of voor bepaalde tijd, steeds heeft de verzekerde het recht tegen het eind van ieder kalenderjaar op te zeggen.

17. Heeft een verzekerde recht op zorg van een aanbieder die niet is gecontracteerd door zijn zorgverzekeraar?

Ja, een verzekerde heeft recht op zorg die verleend wordt door een niet-gecontracteerde zorgaanbieder. De zorgverzekeraar is echter in dat geval niet verplicht het volledige tarief te vergoeden, zolang het tarief maar geen hinderpaal oplevert voor het toegang krijgen tot de verzekerde zorg. De verzekerde dient altijd de verzekeringsvoorwaarden te lezen. Het percentage dat vergoed wordt bij niet-gecontracteerde zorgaanbieders, zal zijn opgenomen in de zorgverzekering.

18. Wat betekent het begrip werelddekking?

Iedereen die in Nederland woont en/of werkt, is verplicht verzekerd voor zorgkosten. Ook als de verzekerde naar het buitenland gaat voor vakantie. Met de basisverzekering heeft iedereen wereldwijd recht op vergoeding van kosten voor onvoorziene noodzakelijke zorg zoals omschreven in de basisverzekering, tegen maximaal het Nederlandse tarief.

19. Waar kan de verzekerde terecht als deze een geschil heeft met of een klacht heeft over de zorgverzekeraar?

Met een geschil of een klacht kan de verzekerde terecht bij de Stichting Klachten en Geschillen Zorgverzekeringen (SKGZ). De SKGZ bestaat uit twee onderdelen: de Geschillencommissie Zorgverzekeringen en de Ombudsman Zorgverzekeringen (info@skgz.nl, 088-9006900).

20. Wanneer kan de verzekerde de Geschillencommissie Zorgverzekeringen inschakelen?

Deze onafhankelijke commissie is op grond van de Zvw verplicht ingesteld door de zorgverzekeraars. De commissie behandelt uitsluitend geschillen over de totstandkoming en uitvoering van de zorgverzekering. Het kan gaan om geschillen over het basispakket, over begin of einde verzekering, over zorg verleend in het buitenland, over het eigen risico en over de premie. Voordat een klacht bij de commissie kan worden ingediend, moet de klacht eerst bij de zorgverzekeraar gemeld zijn en door de zorgverzekeraar zijn behandeld. Als het geschil betrekking heeft op de vergoeding van zorg uit het basispakket Zvw, is de geschillencommissie verplicht het Zorginstituut te consulteren. Het Zorginstituut brengt slechts een advies uit aan de geschillencommissie. De geschillencommissie neemt de uiteindelijke beslissing. De uitspraak die de geschillencommissie doet, is een zogenoemd 'bindend advies'. Dit betekent dat zowel de zorgverzekeraar als de verzekerde het advies moet opvolgen. De geschillencommissie is niet alleen bevoegd om bindende adviezen over de basisverzekering uit te brengen, maar ook om in het geval van een geschil over een aanvullende verzekering uitspraak te doen.

21. Wanneer kan de verzekerde de Ombudsman Zorgverzekeringen inschakelen?

De ombudsman heeft tot taak te bemiddelen tussen consumenten en zorgverzekeraars bij klachten die betrekking hebben op de totstandkoming en uitvoering van de zorgverzekering. Voordat de klacht bij de ombudsman kan worden ingediend, moet de zorgverzekeraar daarop schriftelijk hebben kunnen reageren.

Pakket

© Bohn Stafleu van Loghum, onderdeel van Springer Media BV 2016
C. Beerepoot, H. van der Horst, *112 vragen over de zorgverzekeringswet*,
DOI 10.1007/978-90-368-1316-7_2

22. Wat is opgenomen in het basispakket van de Zvw?

In de Zvw is geregeld welke prestaties de zorgverzekeraar moet opnemen in zijn zorgverzekering. De te verzekeren prestaties die de zorgverzekering moet verstrekken, zijn de geneeskundige zorg zoals huisartsen, medisch specialisten, klinisch psychologen en verloskundigen die plegen te bieden. Ook zintuiglijk gehandicaptenzorg, zorg bij stoppen-met-rokenprogramma's, geriatrische revalidatie en paramedische zorg, mondzorg, farmaceutische zorghulpmiddelen (pruiken, gehoortoestellen enz.) valllen onder de te vergoeden zorg. Tot slot dient de zorgverzekeraar verpleging, verzorging, inclusief de kraamzorg, verblijf in verband met geneeskundige zorg alsmede vervoer in verband met het ontvangen van zorg dan wel in verband met een aanspraak op grond van de Wlz, op te nemen in de zorgverzekering. Voor sommige vormen van zorg kunnen eigen bijdragen worden gevraagd, zoals kraamzorg, pruiken en vervoer. Daarnaast geldt in de Zvw een verplicht eigen risico, dat in 2016 € 385 bedraagt. Het verplicht eigen risico geldt niet voor huisartsenzorg.

23. Wat betekent het begrip 'plegen te bieden'?

De term 'plegen te bieden' houdt in dat bijvoorbeeld niet uitsluitend huisartsen de beroepsbeoefenaren zijn die de huisartsenzorg voor rekening van de zorgverzekering kunnen verlenen. Het concretiseert slechts het domein van de zorg waarop de prestatie betrekking heeft. Huisartsenzorg kan ook door andere beroepsbeoefenaren geleverd worden. Het is aan de zorgverzekeraar om te bepalen 'wie' de zorg voor rekening van de zorgverzekering mag leveren. Hij specificeert dat in zijn polis. Het is aan de verzekerde om te kiezen met welke zorgverzekeraar hij een zorgverzekering afsluit en voor welke polis hij kiest. Door te verwijzen naar zorg zoals huisartsen die plegen te bieden, valt het door de beroepsgroep aanvaarde arsenaal in het basispakket. Met betrekking tot het aanvaarde arsenaal gaat het om de stand van de wetenschap en bij ontbreken van een zodanige maatstaf, om hetgeen in het betrokken vakgebied geldt als verantwoorde en adequate zorg en diensten. De beroepsgroepen maken dit inzichtelijk in richtlijnen, standaarden en protocollen.

24. Zit mondzorg voor verzekerden tot 18 jaar in het basispakket en in welke omvang?

Te vergoeden mondzorg omvat voor verzekerden jonger dan 18 jaar in ieder geval:
a. periodiek preventief tandheelkundig onderzoek, eenmaal per jaar, tenzij de verzekerde tandheelkundig meer keren per jaar op die hulp is aangewezen;
b. incidenteel tandheelkundig consult;
c. het verwijderen van tandsteen;
d. fluorideapplicatie, maximaal tweemaal per jaar, tenzij de verzekerde tandheelkundig meer keren per jaar op die hulp is aangewezen;
e. sealing;
f. parodontale hulp;
g. anesthesie;
h. endodontische hulp;
i. restauratie van gebitselementen met plastische materialen;

j. gnathologische hulp;
k. uitneembare prothetische voorzieningen;
l. tandvervangende hulp met niet-plastische materialen alsmede het aanbrengen van tandheelkundige implantaten, indien het de vervanging van een of meer ontbrekende, blijvende snij- of hoektanden betreft die niet zijn aangelegd, dan wel omdat het ontbreken van die tand of die tanden het directe gevolg is van een ongeval;
m. chirurgische tandheelkundige hulp, met uitzondering van het aanbrengen van tandheelkundige implantaten;
n. röntgenonderzoek, met uitzondering van röntgenonderzoek ten behoeve van orthodontische hulp.

25. Wordt fysiotherapie onbeperkt vergoed?

Nee, fysiotherapie wordt niet onbeperkt vergoed. Fysiotherapie of oefentherapie omvat zorg zoals fysiotherapeuten en oefentherapeuten die plegen te bieden ter behandeling van een limitatieve lijst van (chronische) aandoeningen, voor zover de daarbij aangegeven termijn niet is overschreden. (De limitatieve lijst van aandoeningen is als annex opgenomen in deze uitgave, zie bijlage 2.) De eerste twintig behandelingen worden voor verzekerden van 18 jaar en ouder niet vergoed. Verzekerden jonger dan 18 jaar die daarop zijn aangewezen, hebben tevens recht op fysiotherapie en oefentherapie voor aandoeningen die niet onder de hiervoor genoemde limitatieve lijst vallen. Zij hebben in dat geval recht op ten hoogste negen behandelingen van dezelfde aandoening per kalenderjaar. Dit kan eenmalig worden verlengd met ten hoogste negen behandelingen.

26. Wordt bekkenfysiotherapie vergoed ten laste van het basispakket?

Ja, bekkenfysiotherapie in verband met urine-incontinentie wordt in beperkte omvang vergoed ten laste van de zorgverzekering. Deze zorg bestaat voor de verzekerden van 18 jaar of ouder uit ten hoogste negen behandelingen.

27. Valt de bruikleen van hulpmiddelen onder het basispakket?

Ja, met ingang van 1 januari 2013 zijn de uitleenhulpmiddelen van het aansprakenpakket van de AWBZ overgeheveld naar de te verzekeren prestaties Zvw. Het gaat bij deze uitleenhulpmiddelen voornamelijk om hulpmiddelen voor het bewegingsapparaat en hulpmiddelen voor verzorging en verpleging op bed.

28. Vallen anticonceptiva onder het basispakket?

Ja, anticonceptiva vallen onder het basispakket voor een verzekerde:
a. jonger dan 21 jaar;
b. ter behandeling van endometriose indien de verzekerde hierop is aangewezen overeenkomstig de richtlijnen die in Nederland door de desbetreffende beroepsgroepen zijn aanvaard, of

c. ter behandeling van menorragie waarbij sprake is van bloedarmoede, inhoudende een hemoglobinewaarde die lager is dan de referentiewaarden zoals gehanteerd in de richtlijnen van de desbetreffende beroepsgroepen.

In alle andere gevallen zijn anticonceptiva niet opgenomen in het basispakket.

29. Valt zintuiglijk gehandicaptenzorg onder de Zvw?

Ja, geneeskundige zorg aan mensen met een zintuiglijke beperking valt per 1 januari 2015 in zijn geheel onder de Zvw. Tot die tijd was het gedeeltelijk geregeld als AWBZ-aanspraak. Het basispakket is uitgebreid met de zintuiglijk gehandicaptenzorg die onder de aanspraak op extramurale behandeling op grond van de AWBZ viel. Artikel 2.5a Zintuiglijk gehandicaptenzorg omvat multidisciplinaire zorg in verband met een visuele beperking, een auditieve beperking of een communicatieve beperking als gevolg van een taalontwikkelingsstoornis, gericht op het leren omgaan met, het opheffen of het compenseren van de beperking, met als doel dat de verzekerde zo zelfstandig mogelijk kan functioneren.

30. Is wijkverpleging zorg die door de zorgverzekeraar wordt vergoed?

Ja, wijkverpleging is per 1 januari 2015 overgeheveld van de AWBZ naar de Zvw. Wijkverpleging houdt in de verpleging en verzorging zoals verpleegkundigen die plegen te bieden buiten een instelling, dat wil zeggen verpleging of verzorging in de thuissituatie. Wijkverpleging is een belangrijk onderdeel van eerstelijnszorg. Samen met de huisartsenzorg draagt wijkverpleging eraan bij dat mensen zo lang mogelijk thuis kunnen blijven.

31. Valt geriatrische revalidatiezorg onder het basispakket? Wat wordt hieronder verstaan?

Na voorafgaande ziekenhuisopname

Ja, geriatrische revalidatie is per 1 januari 2013 opgenomen in het basispakket. Geriatrische revalidatie kan ingezet worden na een ziekenhuisopname. Er bestaat uitsluitend recht op geriatrische revalidatie als deze zorg binnen een week na de ziekenhuisopname in verband met een aandoening die revalidatie noodzakelijk maakt, wordt geleverd.

Zonder voorafgaande ziekenhuisopname

Per 1 januari 2015 is geriatrische revalidatie ook toegankelijk voor een specifieke patiëntengroep zonder dat er sprake is van voorafgaand ziekenhuisverblijf. Het gaat om mensen met een acute aandoening waardoor acute mobiliteitsstoornissen en/of afname van zelfredzaamheid optreden en bij wie sprake is van voorafgaand medisch-specialistisch handelen en bij wie is vastgesteld dat de cliënt tot de doelgroep voor geriatrische revalidatie behoort. De beoordeling hiervan kan geschieden door een geriater op de eerste hulp of via een spoedconsult op de geriatrische polikliniek.

32. Wat wordt bedoeld met generalistische basis GGZ?

Per 1 januari 2014 is de geestelijke gezondheidszorg (GGZ) ingrijpend gereorganiseerd. Een belangrijk uitgangspunt is dat psychische en psychosociale problematiek in de huisartsenzorg herkend, en waar nodig, behandeld wordt en dat patiënten met deze problematiek niet meer naar de GGZ verwezen worden. De GGZ is onderverdeeld in twee compartimenten: de generalistische basis GGZ en de gespecialiseerde GGZ. Onder de basis GGZ valt onder meer wat voorheen als eerstelijns psychologische zorg geregeld was. De basis GGZ is bedoeld voor mensen met een enkelvoudige psychiatrische stoornis (voldoend aan DSM-criteria voor een stoornis) en met lichte tot matige beperkingen in het functioneren. Voor behandeling in de basis GGZ is een verwijzing van een huisarts of bedrijfsarts nodig. Alleen complexe psychiatrische problematiek hoort thuis in de specialistische GGZ, ook daar is een verwijzing van een huisarts of andere arts voor nodig. Er zijn vier zorgvraagzwaarteproducten ingevoerd in de basis GGZ.

33. Welke zorgvormen zijn expliciet uitgesloten van de basis GGZ?

Om te bevorderen dat gepast gebruik plaatsvindt en alleen zorg wordt vergoed die verzekerd is, is expliciet bepaald dat hulp bij werk- en relatieproblemen, die nu al niet onder de te verzekeren geneeskundige GGZ valt, niet in het pakket zit. De behandeling van aanpassingsstoornissen valt evenmin onder het basispakket.

34. Heeft de verzekerde ook recht op een internetbehandeling?

Een internetbehandeling is een therapie die via internet aangeboden wordt. Het zorgaanbod betreft eerstelijns psychologische zorg. Internetbehandelingen gebaseerd op cognitieve gedragstherapie voor volwassen patiënten met depressie voldoen aan het criterium stand van wetenschap en praktijk en daarom kan de indicatie-interventiecombinatie verstrekt danwel vergoed worden ten laste van de basisverzekering van de Zvw.

35. Valt intramurale geneeskundige GGZ onder het basispakket en in welke omvang?

Ja, vanaf 2015 vergoeden zorgverzekeraars de eerste drie jaar intramurale GGZ-behandeling voor volwassenen, omdat deze zorg ten laste komt van de Zvw. Dit betekent dat verzekerden vanaf 1 januari 2015 voor korter dan drie jaar aaneengesloten verblijf gericht op behandeling een beroep op de Zvw moeten doen. Het gaat om een groep verzekerden waarbij het perspectief op herstel en/of een overgang naar ambulante zorg en ondersteuning vrij groot is. Doel van het overhevelen van deze zorg naar de Zvw is zorgaanbieders en zorgverzekeraars te stimuleren om zich (meer dan voorheen) op herstel, participatie en ambulantisering te richten.

36. Heeft iedere verzekerde recht op geneeskundige GGZ ten laste van de Zvw?

Verzekerden onder de 18 jaar hebben geen recht op deze zorg ten laste van de Zvw. Deze groep verzekerden heeft wel recht op deze zorg, maar binnen een ander domein, namelijk de Jeugdwet. Voor jeugdigen wordt de GGZ met ingang van 1 januari 2015 op grond van de Jeugdwet bekostigd.

37. De verzekerde had een aanspraak op dyslexiezorg onder de Zvw. Hoe is dat nu geregeld?

Per 1 januari 2015 is de aanspraak op dyslexiezorg geschrapt uit het basispakket van de Zvw. Deze zorg valt per die datum onder de reikwijdte van de Jeugdwet, al is dyslexie geen psychisch probleem in engere zin. Dyslexiezorg wordt veelal ook geleverd door hulpverleners uit het GGZ-veld en de bekostiging is nu geregeld in de Jeugdwet.

38. Welke vormen van zorg zijn expliciet uitgesloten van het basispakket?

Het verzekerde pakket heeft betrekking op noodzakelijke zorg, getoetst aan aantoonbare werking, kosteneffectiviteit en noodzaak van collectieve financiering. Bepaalde vormen van zorg zijn om die reden uitgesloten van of vallen slechts onder bepaalde voorwaarden onder het basispakket. Het verzekerde pakket omvat expliciet niet:
a. behandeling van bovenoogleden die verlamd of verslapt zijn, anders dan als gevolg van een aangeboren afwijking of van een bij de geboorte aanwezige chronische aandoening;
b. liposuctie van de buik;
c. het operatief plaatsen en het operatief vervangen van een borstprothese, anders dan na een gehele of gedeeltelijke borstamputatie;
d. het operatief verwijderen van een borstprothese zonder medische noodzaak;
e. behandelingen tegen snurken met uvuloplastiek;
f. behandelingen gericht op sterilisatie dan wel op het ongedaan maken daarvan;
g. circumcisie;
h. behandeling van aanpassingsstoornissen;
i. hulp bij werk- en relatieproblemen;
j. behandeling van plagiocefalie en brachycefalie zonder craniosynostose met een redressiehelm.

39. Welke geneeskundige zorg is niet opgenomen in het basispakket?

De geneeskundige zorg omvat onder meer niet:
1. de combinatietest, de niet-invasieve prenatale test en de invasieve diagnostiek voor zwangere vrouwen die hiervoor geen medische indicatie hebben, met dien verstande dat ingeval van een niet-invasieve prenatale test of invasieve diagnostiek onder een medische

indicatie ook wordt verstaan het uit een combinatietest blijken van een aanmerkelijke kans op een foetus met een chromosoomafwijking;
2. de vierde of volgende in-vitrofertilisatiepoging per te realiseren zwangerschap, nadat drie pogingen zijn geëindigd tussen het moment dat een follikelpunctie is geslaagd en het moment dat er sprake is van een doorgaande zwangerschap van tien weken te rekenen vanaf het moment van de follikelpunctie en indien de implantatie van gecryopreserveerde embryo's niet heeft geleid tot een doorgaande zwangerschap van negen weken en drie dagen te rekenen vanaf de implantatie;
3. de eerste en tweede in-vitrofertilisatiepoging bij een verzekerde jonger dan 38 jaar, indien er meer dan één embryo wordt teruggeplaatst;
4. vruchtbaarheidsgerelateerde zorg, indien de verzekerde vrouw 43 jaar of ouder is, behoudens voor zover het een in-vitrofertilisatiepoging betreft die reeds is aangevangen voordat de verzekerde vrouw de leeftijd van 43 jaar heeft bereikt;
5. zorg zoals tandartsspecialisten plegen te bieden.

Ook het vaccineren ten behoeve van de grieppreventie valt niet onder het Zvw-basispakket. Zie voor de wijze van de vergoeding van de grieppreventie vraag 41.

40. Valt plastische chirurgische zorg onder het basispakket?

Behandeling van plastisch-chirurgische aard valt slechts onder het basispakket indien die strekt tot correctie van:
1. afwijkingen in het uiterlijk die gepaard gaan met aantoonbare lichamelijke functiestoornissen;
2. verminkingen die het gevolg zijn van een ziekte, ongeval of geneeskundige verrichting;
3. verlamde of verslapte bovenoogleden die het gevolg zijn van een aangeboren afwijking of een bij de geboorte aanwezige chronische aandoening;
4. de volgende aangeboren misvormingen: lip-, kaak- en gehemeltespleten, misvormingen van het benig aangezicht, goedaardige woekeringen van bloedvaten, lymfevaten of bindweefsel, geboortevlekken of misvormingen van urineweg- en geslachtsorganen;
5. primaire geslachtskenmerken bij een vastgestelde transseksualiteit.

41. De griepvaccinatie wordt niet vergoed uit de Zvw? Maar het griepvaccin wordt toch wel vergoed voor bepaalde doelgroepen. Hoe is dat geregeld?

Ja, jaarlijks kunnen bepaalde groepen uit de bevolking een griepprik halen bij onder meer hun huisarts. Zij zijn daar overigens niet toe verplicht. Dit is geregeld in de Subsidieregeling publieke gezondheid. Deze wordt uitgevoerd door het RIVM en bestaat uit onder meer het financieren van het Nationaal Programma Grieppreventie. Het doel van dit programma is om kwetsbare doelgroepen te beschermen tegen (ernstige gevolgen van) griep. De doelgroepen van dit programma zijn:
- alle 60-plussers;
- mensen onder de 60 jaar met een risico-indicatie, zoals longziekten, hart- of nieraandoeningen en diabetes mellitus.

42. Wat is een stoppen-met-rokenprogramma?

Dit programma bestaat uit een combinatie van op gedragsverandering gerichte interventies (in een groep of individueel) met farmacotherapeutische interventies. Verzekerden kunnen dit programma maximaal één keer per kalenderjaar voor rekening van de zorgverzekering volgen. Het stoppen-met-rokenprogramma bestaat uit een combinatie van gedragsmatige begeleiding en farmacotherapeutische ondersteuning. Bij dit programma gaat het om een aanpak voor het stoppen met roken volgens de vigerende richtlijnen van het Nederlands Huisartsen Genootschap en het kwaliteitsinstituut voor de gezondheidszorg CBO. Omdat het integrale programma als een afzonderlijke Zvw-prestatie is opgenomen, kan een roker op het integrale programma aanspraak maken. Een dergelijke afzonderlijke Zvw-prestatie biedt partijen in de markt een herkenbaar en transparant product. Geregeld is dat de zorgverzekeraar kan bepalen dat, als een door hem aangewezen stoppen-met-rokenprogramma wordt gevolgd, de kosten van verzekerde zorg in de vorm van een stoppen-met-rokenprogramma geheel of gedeeltelijk buiten het eigen risico vallen.

43. Valt het Rijksvaccinatieprogramma onder het basispakket van de Zvw?

Nee, deze zorg wordt gefinancierd uit de rijksbegroting. Dit is wettelijk verankerd in de Wet collectieve preventie. In het Rijksvaccinatieprogramma voor kinderen zijn vaccins tegen twaalf aandoeningen opgenomen: baarmoederhalskanker (HPV – alleen voor meisjes van 12 jaar); bof; difterie; hepatitis B; Hib-ziekten (bacteriële infecties van de hogere luchtwegen, zoals neus en mond); kinkhoest; mazelen; meningokokken C; pneumokokken; polio (kinderverlamming); rodehond; tetanus.

44. Is preventie van depressie verzekerde zorg?

Ja, als de verzekerde aan bepaalde subklinische criteria van een depressie voldoet, kan behandeling aangewezen zijn. Het toenmalige CVZ heeft daarover een standpunt uitgebracht. De verleende zorg wordt in dat geval vergoed vanuit het basispakket.

45. Valt hulp bij werk- en relatieproblemen onder het basispakket?

Nee, om te bevorderen dat gepast gebruik plaatsvindt en alleen zorg wordt vergoed die verzekerd is, heeft het toenmalige CVZ voorgesteld expliciet in de Regeling zorgverzekering te regelen dat hulp bij werk- en relatieproblemen, die nu al niet onder de te verzekeren geneeskundige GGZ valt, niet in het pakket zit. Wel is het zo dat de behandeling van een psychische stoornis die ontstaan is als gevolg van werk- en relatieproblemen, vergoed wordt. Zie ook het rapport van het Zorginstituut *De nieuwe DSM-5 en de gevolgen voor de verzekering* van 16 december 2014.

46. Valt diëtetiek onder het basispakket?

Diëtetiek omvat zorg zoals diëtisten die plegen te bieden. Deze zorg wordt vergoed, mits de zorg een geneeskundig doel heeft, tot een maximum van drie behanduren per kalenderjaar.

47. Is ketenzorg opgenomen in het basispakket?

Bij ketenzorg is er sprake van een samenhangend geheel van zorgactiviteiten die door verschillende zorgaanbieders geleverd worden. Twee essentiële voorwaarden zijn (1) dat het cliëntproces centraal staat en (2) dat er sprake is van een herkenbare regiefunctie. Diagnostiek, behandeling en begeleiding worden in de keten van zorgaanbieders op elkaar afgestemd. Voor ketenzorg is een vorm van integrale bekostiging geregeld: voor het hele pakket, dat volgens afspraken is vastgelegd in een zorgstandaard, wordt een vast tarief per patiënt per jaar afgesproken tussen zorggroep en zorgverzekeraar. Voor diabeteszorg, vasculair risicomanagement en COPD-zorg zijn dergelijke zorgstandaarden beschikbaar. In de huidige financieringssystematiek van de huisartsenzorg is ketenzorg opgenomen in compartiment 2, de programmatische zorg.

48. Welke transplantaties vallen onder het basispakket?

In de regelgeving is geen limitatieve opsomming van transplantaties van weefsels en organen opgenomen. Uit de systematiek van de wet vloeit voort dat slechts de transplantaties die voldoen aan het wettelijk criterium 'de stand van de wetenschap en praktijk', onder het basispakket vallen. Transplantaties van weefsels en organen behoren slechts tot de zorg als de transplantatie is verricht in een lidstaat van de Europese Unie, in een staat die partij is bij de Overeenkomst betreffende de Europese Economische Ruimte of in een andere staat wanneer de donor woonachtig is in die staat en de echtgenoot, de geregistreerd partner of een bloedverwant in de eerste, tweede of derde graad van de verzekerde is.

49. Is er ook zorg die voorwaardelijk tot het basispakket is toegelaten?

Sinds 1 januari 2012 is de zogenoemde voorwaardelijke toelating ingevoerd om zorg waarbij twijfel bestaat over de effectiviteit of waarvan de effectiviteit niet of nog niet bewezen is, gedurende een periode van maximaal vier jaar ten laste van de zorgverzekering te laten komen. In die periode moeten de noodzakelijke gegevens worden verzameld voor een beslissing over de vraag of de zorg definitief in het pakket wordt opgenomen dan wel definitief daaruit wordt verwijderd.

50. Kan de verzekerde gebruikmaken van een persoonsgebonden budget in de Zvw?

De zorgverzekeraar kan in zijn zorgverzekering opnemen dat de verzekerde verpleging en verzorging (minder dan 25 uur per week) kan ontvangen in de vorm van een persoonsgebonden budget (pgb). De verzekerde kan met dit budget zelf zijn zorg inkopen. De zorgverzekeraar stelt het budget van de verzekerde vast en controleert de afspraken die de verzekerde met de zorgverleners maakt. In de polisvoorwaarden van de zorgverzekering staan de rechten en plichten van de verzekerde. Er is een wetsvoorstel in voorbereiding waarin is geregeld dat de zorgverzekeraar het pgb voor wijkverpleging verplicht in zijn zorgverzekering moet opnemen. Momenteel is daartoe geen wettelijke verplichting en is het een beslissing van de zorgverzekeraar zelf.

51. Kan een verzekerde aanspraak maken op anonieme e-mental health ingevolge de Zvw?

Voor de financiering van anonieme e-mental health is in 2015 een subsidie van € 2 miljoen beschikbaar. Om dit geld te verdelen over het brede palet van anonieme e-mental-health-aanbieders, is een beleidskader anonieme e-mental health opgesteld waarop aanbieders subsidieaanvragen hebben ingediend. Dit beleidskader is een tijdelijke maatregel waarmee ruimte is gecreëerd om een structurele oplossing vorm te geven. Het wetsvoorstel voor deze structurele oplossing is zomer 2013 aangeboden aan het parlement. Dit betreft een wijziging van de Zvw teneinde de bekostiging van anonieme e-mental health structureel te regelen en de anonieme financiering van zorg aan ernstig bedreigde cliënten mogelijk te maken (TK 33 675, nr. 3). De behandeling van het wetsvoorstel is nog niet afgerond, wel heeft de Tweede Kamer het wetsvoorstel reeds aanvaard.

52. Is het mogelijk om de basisverzekering en de aanvullende zorgverzekering af te sluiten bij verschillende zorgverzekeraars?

Verzekeraars mogen in de Zvw aspirant-verzekerden die een basispakket aanvragen, niet weigeren. Voor de aanvullende verzekering geldt geen acceptatieplicht. Verzekerden die voor de basisverzekering van zorgverzekeraar willen wisselen, kunnen dat jaarlijks doen. Om te voorkomen dat verzekerden bij de overstap naar een andere verzekeraar voor de basisverzekering, ook de verzekerde aanspraken verliezen voor de aanvullende verzekering, is een zogenoemd verbod op koppeling opgenomen. Dit verbod houdt in dat verzekeraars aanvullende verzekeringen niet mogen beëindigen als de verzekerde overstapt naar een andere verzekeraar voor de basisverzekering. Anders gezegd, verzekerden kunnen ook bij een andere zorgverzekeraar een aanvullend pakket nemen als ze daar geen bassispakketverzekering hebben afgesloten.

53. Heeft een verzekerde aanspraak op zorg vanuit de Zvw indien hij van mening is dat hij op grond van de Wlz, de Jeugdwet of de Wmo 2015 te weinig zorg krijgt?

Nee, vormen van zorg die op grond van de Wlz, de Jeugdwet of de Wmo 2015 voor de verzekerde kunnen worden gefinancierd, vallen niet onder de dekking van de zorgverzekering. De zorgverzekering voorziet ook niet in aanvulling van zorg indien een verzekerde van mening is dat hij op grond van een van de hiervoor genoemde wetten of een ander wettelijk voorschrift te weinig zorg krijgt.

Premies, eigen betaling, eigen risico en zorgtoeslag

© Bohn Stafleu van Loghum, onderdeel van Springer Media BV 2016
C. Beerepoot, H. van der Horst, *112 vragen over de zorgverzekeringswet*,
DOI 10.1007/978-90-368-1316-7_3

54. Dient iedereen een nominale premie te betalen?

Alleen verzekerden van 18 jaar en ouder betalen een nominale premie. De bij de verzekerde in rekening te brengen nominale premie wordt vastgesteld door de zorgverzekeraar en kan per zorgverzekeraar en per polis verschillen. De rijksbijdrage Zorgverzekeringsfonds voorziet in de financiering van deze premie voor personen onder de 18 jaar.

55. Kan de zorgverzekeraar differentiëren in de nominale premies?

Het is de zorgverzekeraar verboden om te differentiëren in de premie op basis van de kenmerken van de verzekerde. Ieder verzekerde betaalt derhalve dezelfde nominale premie voor een bepaalde zorgpolis van de betreffende zorgverzekeraar.

56. Wat gebeurt er met wanbetalers, verzekerden die hun premie niet betalen?

De verzekeringsplichtige die zijn nominale premie niet betaalt, zal door zijn zorgverzekeraar erop worden aangesproken dat een rekening nog niet is betaald. Indien gedurende zes maanden de nominale premie niet is betaald, meldt de zorgverzekeraar de verzekerde aan bij het Zorginstituut. Het Zorginstituut schrijft dan de werkgever aan die de zorgpremie dient in te houden op het inkomen van de verzekerde. Deze (bestuursrechtelijke) premie is hoger dan de nominale premie van de verzekerde en bedraagt 130 % van de standaardpremie. Vaak gaat het om een bedrag van € 150. Ook de zorgtoeslag wordt niet meer uitgekeerd aan de verzekerde. Deze zal worden overgemaakt aan het Zorginstituut ter betaling van de premie. De verzekerde blijft derhalve wel verzekerd voor de basisverzekering. De aanvullende verzekering van de verzekerde wordt opgezegd.

57. Is het mogelijk een zorgverzekering af te sluiten via een collectieve regeling?

In de Zvw is geregeld dat werkgevers en andere groepen die rechtspersoonlijkheid hebben, een premiekorting mogen bedingen op de nominale standaardpremie. Deze premiekorting is maximaal 10 %. Er worden verschillende collectiviteiten aangeboden: via de eigen werkgever, maar bijvoorbeeld ook via de werkgever van een partner. Daarnaast zijn er vele andere collectiviteiten mogelijk, zoals ouderenbonden, HEMA, Vereniging Eigen Huis, ANWB, Consumentenbond, patiëntenverenigingen en kerkgenootschappen.

58. Wat is de hoogte van het verplicht eigen risico in 2016?

In 2016 is het bedrag geïndexeerd en vastgesteld op € 385.

59. Wat betekent het dat het verplicht eigen risico wordt verzekerd?

Sommige zorgverzekeraars bieden een verzekering aan om het verplicht eigen risico te dekken. Door deze verzekering af te sluiten is de verzekerde geen verplicht eigen risico meer verschuldigd.

60. Kan het verplicht eigen risico ook gespreid over het jaar worden vooruitbetaald?

Ja, er zijn zorgverzekeraars die de verzekerde in de gelegenheid stellen om het verplicht eigen risico in maandelijkse termijnen vooruit te betalen. Indien het verplicht eigen risico gedeeltelijk dan wel in het geheel niet is verschuldigd, betaalt de zorgverzekeraar dit terug aan de verzekerde. Indien het verplicht eigen risico wordt 'volgemaakt' is de schuld al voldaan aan het eind van het kalenderjaar en wordt voorkomen dat een bedrag ineens moet worden voldaan.

61. Bestaat er ook nog een vrijwillig eigen risico?

De verzekerde kan ervoor kiezen om een verzekering met een vrijwillig eigen risico af te sluiten. Dit vrijwillig eigen risico komt dan bovenop het verplichte eigen risico. Hiertegenover staat een korting op de premiegrondslag. De tranches die de zorgverzekeraar mag aanbieden, zijn wettelijk bepaald. Het gaat om de keuze van een vrijwillig eigen risico van € 100, € 200, € 300, € 400 en € 500. De zorgverzekeraar is verplicht om in ieder geval een zorgverzekering zonder een vrijwillig eigen risico aan te bieden.

62. Vallen alle kosten van zorg onder het vrijwillig eigen risico?

Nee, de kosten van inschrijving bij een huisarts mogen niet in rekening worden gebracht bij het vrijwillig eigen risico. Het consult van de huisarts kan wel onder het vrijwillig eigen risico vallen. Zorgverzekeraars hebben echter wel de mogelijkheid om in hun zorgpolissen op te nemen dat ook het consulttarief buiten het vrijwillig eigen risico valt. Bij het *verplicht* eigen risico worden zowel de inschrijfkosten als het consulttarief van de huisartsenzorg buiten beschouwing gelaten.

63. Wat is een verzekerde verschuldigd als hij zowel een eigen bijdrage als een verplicht of vrijwillig eigen risico moet betalen?

De verzekerde moet voor zorg waarvoor een zorggebonden eigen bijdrage geldt, eerst die bijdrage betalen, waarna het restant van de kosten ten laste wordt gebracht van het verplichte eigen risico of, als dat er is, het vrijwillige eigen risico.

64. Valt een bezoek aan een huisartsenpost onder het eigen verplichte risico?

Nee, de huisartsenpost is een onderdeel van de huisartsenzorg waar in het kader van de 24-uurs huisartsgeneeskundige zorg tijdens de avond, nacht en weekenden zorg wordt geboden aan mensen met gezondheidsproblemen die niet kunnen wachten tot de praktijk van de eigen huisarts weer open is. Ook voor dit onderdeel van de huisartsenzorg geldt dat de consulten en visites volledig vergoed worden. Het verplichte eigen risico geldt wel voor recepten of eventueel verrichte aanvullende diagnostiek, zoals een laboratoriumbepaling of een röntgenfoto.

65. Valt de zorg die op de spoedeisende hulp van een ziekenhuis wordt verleend, onder het verplicht eigen risico?

Ja, voor de zorg die verleend wordt op de spoedeisende hulp (SEH), geldt het verplicht eigen risico.

66. Valt wijkverpleging onder het verplicht eigen risico?

Nee, wijkverpleging is uitgesloten van het verplicht eigen risico.

67. Voor welke zorg is een eigen bijdrage verschuldigd?

De verzekerde moet er rekening mee houden dat hij een eigen bijdrage verschuldigd is voor bepaalde hulpmiddelen, zoals een hoortoestel, bepaalde geneesmiddelen, zoals de anticonceptiepil, zittend ziekenvervoer, verloskundige zorg en kraamzorg en bijzondere tandheelkunde zorg indien de verzekerde 18 jaar of ouder is. Dit staat beschreven in de zorgverzekering.

68. Is de verzekerde een eigen bijdrage verschuldigd voor hulpmiddelen?

De verzekerde die is aangewezen op een hulpmiddel, kan een eigen betaling verschuldigd zijn voor onder meer pruiken, hulpmiddelen ter correctie van stoornissen in de hoorfunctie of ernstig oorsuizen, orthopedische schoenen, lenzen en brillenglazen. Per 1 januari 2016 wordt de eigen bijdrage voor hulpmiddelen ter correctie van stoornissen in de hoorfunctie of ernstig oorsuizen (hoortoestellen en tinnitusmaskeerders) voor minderjarigen geschrapt.

69. Betaalt de verzekerde een eigen bijdrage voor geneesmiddelen?

De vergoeding van de farmaceutische zorg is geregeld in het zogenoemde Geneesmiddelenvergoedingssysteem (GVS). In het GVS zijn geneesmiddelen ingedeeld in groepen van onderling vervangbare geneesmiddelen volgens bepaalde criteria. Per GVS-groep is een vergoedingslimiet berekend. Is de werkelijke prijs van het geneesmiddel hoger, dan betaalt de verzekerde het verschil bij. Uitgangspunt is dat de verzekerde deze eigen bijdrage kan vermijden door te kiezen voor een geneesmiddel met een prijs lager dan de limiet. Het is daarom zaak dat de huisarts bespreekt met de verzekerde welk geneesmiddel wordt voorgeschreven, zodat bijbetaling voorkomen kan worden. De geneesmiddelen die de huisarts en de specialist voorschrijven, vallen wel onder het verplicht eigen risico.

70. Is de verzekerde een eigen bijdrage verschuldigd voor intramurale geneeskundige GGZ zoals bedoeld in het basispakket Zvw?

Nee, de verzekerde is voor deze zorg geen eigen bijdrage verschuldigd.

71. Wanneer heeft een verzekerde recht op een zorgtoeslag?

De zorgtoeslag is een tegemoetkoming in de kosten van de (nominale) premie voor een zorgverzekering zoals bedoeld in de Zvw. De hoogte van de zorgtoeslag wordt bepaald door de standaardpremie (de gemiddelde nominale premie voor een zorgverzekering plus het verplicht eigen risico) en het inkomen van de aanvrager en, als hij deze heeft, zijn partner. De overheid heeft de zorgtoeslag als belangrijkste instrument gekozen om inkomenseffecten te minimaliseren. Afhankelijk van het huishoudinkomen kan een verzekerde zorgtoeslag aanvragen. Dit is vastgelegd in de Wet op de zorgtoeslag.

72. Is de toekenning van de zorgtoeslag afhankelijk van de hoogte van het inkomen of het vermogen van de verzekerde?

Ja, of een verzekerde in aanmerking komt voor de zorgtoeslag is afhankelijk van het inkomen op huishoudniveau en de samenstelling van het huishouden. Een verzekerde zonder 'toeslagpartner' met een inkomen van maximaal € 27.012 komt in aanmerking voor een zorgtoeslag, voor een verzekerde met een 'toeslagpartner' geldt een gezamenlijk inkomen van € 33.765 als bovengrens. Daarnaast is de toekenning van de zorgtoeslag afhankelijk van de hoogte van het vermogen van de verzekerde. Om de zorgtoeslag alleen bij mensen terecht te laten komen die deze nodig hebben, bestaat geen recht op zorgtoeslag voor huishoudens zonder toeslagpartner in bezit van een vermogen dat hoger is dan € 106.941 respectievelijk hoger dan € 131.378 als er wel een 'toeslagpartner' is. De wetgever is van mening dat mensen die een vermogen boven deze grens hebben geen inkomensondersteuning nodig hebben. Deze bepalingen zijn het domein van de Belastingdienst/Toeslagen (▶www.belastingdienst/toeslagen.nl).

Kwaliteit

© Bohn Stafleu van Loghum, onderdeel van Springer Media BV 2016
C. Beerepoot, H. van der Horst, *112 vragen over de zorgverzekeringswet*,
DOI 10.1007/978-90-368-1316-7_4

73. Hoe wordt de kwaliteit van de zorg voor vrije beroepsbeoefenaren geborgd?

De kwaliteitsborging voor vrije beroepsbeoefenaren is geregeld in de Wet op de beroepen in de individuele gezondheidszorg (Wet BIG). Deze wet beoogt een zo veel mogelijk uniforme regeling te geven voor alle daarvoor in aanmerking komende beroepen op het gebied van de individuele gezondheidszorg, om de kwaliteit van de beroepsuitoefening te borgen en te bevorderen. Daarnaast heeft de beroepsgroep primair zelf de verantwoordelijkheid om de kwaliteit van de geleverde zorg te borgen. Dat gebeurt op verschillende manieren. Praktijken kunnen meedoen aan een accrediteringssysteem zoals de Nederlandse Praktijk Accreditatie (NPA). Het Nederlands Huisartsen Genootschap (NHG), de wetenschappelijke vereniging van huisartsen, heeft een groot aantal standaarden uitgebracht die als doel hebben het medisch beleid in de dagelijkse praktijk te ondersteunen. De NZa heeft een aantal jaren geleden het document *Good Contracting Practices zorgverzekeraars en vrije beroepsbeoefnaars in de eerstelijnszorg* uitgebracht, dat regelmatig geüpdatet wordt. Dit document biedt een handreiking voor zorgverzekeraars en vrije beroepsbeoefenaren om op een transparante, evenwichtige en eerlijke wijze tot goede contracten te komen. Een van de onderwerpen die daarbij aan de orde komen, is de kwaliteit. In het document wordt voorgesteld om in het kader van de transparantie een platform – bijvoorbeeld via de brancheorganisatie – te creëren voor overleg over beschikbare datasets met als doel het formuleren van kwaliteitsindicatoren.

74. Wat is een second opinion en onder welke voorwaarden wordt het vergoed?

Als een patiënt twijfelt aan de juistheid van de diagnose die zijn huisarts of specialist heeft gesteld, of zich afvraagt of de voorgestelde behandeling wel de meest gewenste behandeling is, kan hij een second opinion vragen. Hij dient dan eerst met zijn behandelend arts zijn twijfels te bespreken. Als die twijfels niet afdoende worden weggenomen, kan hij de behandelend arts vragen hem te verwijzen voor een second opinion. Een second opinion wordt vergoed uit de basisverzekering, maar valt wel onder het eigen risico. Veel mensen lijken zich niet te realiseren dat het maar de vraag is of de eerste of de tweede arts gelijk heeft. Als de second opinion een andere diagnose of een ander behandelregime oplevert, dan wil dat nog niet zeggen dat *dus* de eerste diagnose of het eerste behandelvoorstel niet correct was. Idealiter volgt er dan nog een gesprek met de oorspronkelijke behandelaar of de eigen huisarts om de verschillen in diagnose en behandelregiem te bespreken en te wegen, zodat de patiënt een gemotiveerde keuze kan maken voor de ene of andere behandelstrategie.

75. Wat houdt het begrip 'stand van wetenschap en praktijk' in en wat is de relatie ervan tot de Zvw?

In januari 2015 heeft het Zorginstituut het rapport *Beoordeling stand van de wetenschap en praktijk* uitgebracht. Dit rapport bevat het beoordelingskader voor het pakketbeheer in het kader van de Zvw en de Wlz waarover het Zorginstituut advies uitbrengt aan de minister van VWS. Het Zorginstituut adviseert de minister over welke zorg in brede zin (diagnostiek, behandeling, langdurige zorg) voor vergoeding in het kader van de Zvw en de Wlz in aanmerking komen. De minister besluit daarover. Het Zorginstituut moet dus beoordelen of specifieke diagnostische verrichtingen, behandelingen en zorg voldoen aan 'de stand van wetenschap en praktijk'. Dat houdt in dat er liefst wetenschappelijk bewijs moet zijn dat een specifieke verrichting (kosten)effectief is en dat duidelijk moet zijn voor welke aandoening en welke patiëntengroepen dat geldt. Waar dat wetenschappelijke bewijs (gedeeltelijk) ontbreekt, dient er consensus te zijn dat een bepaalde verrichting of behandeling op basis van wat gangbaar is in de praktijk en/of door de wetenschappelijke verenigingen in richtlijnen is opgenomen, toch voor vergoeding in aanmerking zou moeten komen. Er vindt in dat opzicht een integrale beoordeling van wetenschap *en* praktijk plaats. Het genoemde beoordelingskader borgt dat de procedure en criteria die het Zorginstituut hanteert, transparant en consistent zijn.

76. Wat houdt het begrip professionele standaard in?

De medische beroepsgroep is zelf verantwoordelijk voor de professionele standaard. In die professionele standaard liggen de normen voor medisch handelen besloten. De beroepsgroep bepaalt wat verantwoorde medische zorg is op basis van medisch-wetenschappelijke kennis en de expertise van artsen. Uiteraard is aansluiting bij de zorgbehoefte en zorgvraag van de patiënt een belangrijk uitgangspunt bij het hanteren van de professionele standaard. Onderdeel van die professionele standaard zijn bijvoorbeeld de standaarden en de richtlijnen die de beroepsgroep opstelt en de normen die de beroepsgroep hanteert, zoals het garanderen van de 24-uursbereikbaarheid en continuïteit.

Zorgverzekeringswet en de huisarts

© Bohn Stafleu van Loghum, onderdeel van Springer Media BV 2016
C. Beerepoot, H. van der Horst, *112 vragen over de zorgverzekeringswet*,
DOI 10.1007/978-90-368-1316-7_5

77. Wat houdt het begrip 'zorg zoals huisartsen die plegen te bieden' in?

De geneeskundige basiszorg die in het kader van de Zvw wordt vergoed, wordt omschreven als 'zorg zoals huisartsen die plegen te bieden'. Door te verwijzen naar zorg zoals huisartsen die plegen te bieden, valt het door de beroepsgroep aanvaarde arsenaal in het basispakket. 'Plegen te bieden' houdt in dat het om een geobjectiveerde norm gaat: zorg die de beroepsgroep in haar vastgestelde takenpakket heeft beschreven. Dat takenpakket wordt regelmatig bijgesteld als daar bijvoorbeeld door een stelselwijziging aanleiding voor is. Zo is de basiszorg GGZ sinds de herordening van de GGZ expliciet een onderdeel van het takenpakket van de huisarts, dan wel de voorziening huisartsenzorg, dus inclusief de POH-GGZ. Een groot deel van het takenpakket bestaat uit zorg die elke huisarts, waar dan ook in Nederland, levert. Er is ook een bijzonder aanbod dat huisartsen kunnen leveren, maar niet elke huisarts levert die zorg, denk aan verloskundig actieve huisartsen en aan huisartsen die bijvoorbeeld besnijdenissen uitvoeren. Daar bestaan aparte financieringsafspraken voor.

Het verlenen van de zorg dient professioneel, dat will zeggen volgens de kwaliteitsstandaarden en normen van de beroepsgroep, te geschieden. De beroepsgroep stelt ook het kwaliteitsniveau waaraan de zorg dient te voldoen, vast. Als vaststaat dat degenen die als aanbieders van de zorg worden aangewezen in de modelovereenkomst van de zorgverzekeraar niet in staat zijn huisartsenzorg op het vereiste niveau te leveren, dan is er geen sprake van zorg zoals huisartsen die plegen te bieden. Daarnaast zijn de specifieke kenmerken (bijvoorbeeld inschrijving op naam) of specifieke organisatorische aspecten van zorg (een regeling voor 24-uursbereikbaarheid) van belang bij het beantwoorden van de vraag of het gaat om zorg zoals huisartsen die plegen te bieden.

78. Kunnen ook andere zorgaanbieders zorg leveren zoals 'huisartsen die plegen te bieden'?

Van belang is op te merken dat de term 'plegen te bieden' regelt dat niet uitsluitend huisartsen de beroepsbeoefenaren zijn die de zorg voor rekening van de zorgverzekering kunnen verlenen. Het concretiseert slechts het domein van de zorg waarop de prestatie betrekking heeft. Huisartsenzorg kan ook door andere beroepsbeoefenaren geleverd worden. Het is aan de zorgverzekeraar om te bepalen 'wie' de zorg voor rekening van de zorgverzekering mag leveren. Hij specificeert dat in zijn polis. Het is aan de verzekerde om te kiezen met welke zorgverzekeraar hij een zorgverzekering afsluit en voor welke polis hij kiest.

79. (Hoe) is het poortwachterssysteem verankerd in de Zvw?

De huisarts functioneert in het Nederlandse zorgsysteem als eerste aanspreekpunt voor vragen en problemen op het gebied van ziekte en gezondheid. Het merendeel van die vragen en problemen kunnen in de eerste lijn opgelost worden. Steeds meer behandelingen, onder andere de diabetesbehandeling, vinden geheel of grotendeels in de eerste lijn plaats. Als de huisarts vindt dat specialistische zorg nodig is, in de vorm van (geavanceerde) diagnostiek of behandeling, verwijst hij naar een specialist in de somatische tweede lijn of naar de specialistische GGZ. In artikel 14 van de Zvw is vastgelegd dat voor toegang tot medisch-specialistische vervolgzorg een verwijzing van de huisarts nodig is. Als er geen verwijzing is, hoeft, behalve als het om noodsituaties gaat, de zorgverzekeraar niet uit te betalen.

80. Waarom is een verwijzing nodig? Kan een huisarts ook een meekijkconsult aanvragen?

In het kader van het poortwachterssysteem, dat een belangrijke pijler is van het Nederlandse zorgstelsel, is een verwijzing nodig om de toegang tot specialistische zorg te regelen. Dat is vastgelegd in artikel 14 van de Zvw. Het zorgstelsel is erop gericht om eenvoudige zorg die nu nog in het ziekenhuis wordt geleverd, steeds meer in de eerste lijn aan te bieden. Dit vraagt om meer samenwerking tussen huisartsen en medisch specialisten. Het meekijkconsult is hiervan een goed voorbeeld en kan vanaf 2015 worden ingekocht. De huisarts kan de medisch specialist dan laten meekijken bij een behandeling en daardoor patiënten langer en beter passende zorg bieden en in een aantal gevallen een verwijzing naar de tweede lijn vermijden.

81. Hoe zit het met de vergoeding voor zorg die in multidisciplinaire praktijken en gezondheidscentra wordt geleverd?

Voor de zorg die in multidisciplinaire eerstelijnscentra wordt geleverd, gelden de vergoedingsregels die voor elke zorgvorm apart zijn vastgesteld. De huisartsenzorg is volledig in het basispakket opgenomen, alleen voor door de huisarts voorgeschreven geneesmiddelen en aanvullend onderzoek geldt het verplicht eigen risico. Fysiotherapie wordt slechts beperkt uit de basiszorgverzekering betaald. Voor de zorg die eerstelijnspsychologen verbonden aan een dergelijk centrum geven, geldt dat slechts de zorg alleen vergoed wordt als er een indicatie is voor de generalistische basis GGZ. Een uitzondering op die regel is dat de eerstelijnspsycholoog als POH-GGZ gecontracteerd kan zijn door een huisartsenpraktijk. In dat geval geldt dat de zorg die de POH-GGZ levert, wel vergoed wordt vanuit de basisverzekering. Als de zorg door andere disciplines in het centrum geleverd wordt in het kader van ketenzorg waarover afspraken met de zorgverzekeraar zijn gemaakt, dan wordt de zorg wel vergoed.

82. Hoe zit het met de vergoeding van de praktijkondersteuner diabetes en de praktijkondersteuner astma/COPD?

Met ingang van 1 januari 2015 is de bekostiging van de huisartsenzorg en de multidisciplinaire eerstelijnszorg waarvan huisartsgeneeskundige zorg een onderdeel is, in een bekostigingsmodel ondergebracht. Het gaat daarbij om zorg die in het kader van de Zvw wordt geleverd. De zorg die de POH-diabetes of POH-astma/COPD levert, valt in segment 2, de programmatische zorg of ketenzorg, en wordt volledig vergoed als de zorg geleverd wordt volgens afspraken tussen zorgverzekeraar en zorggroep.

83. Wat houdt het hoofdlijnenakkoord huisartsenzorg in?

Op 16 juli 2013 hebben verschillende partijen, zoals de Landelijke Huisartsen Vereniging (LHV), de Landelijke Organisatie voor Ketenzorg, de Landelijke Vereniging Georganiseerde eerste lijn, de Vereniging Huisartsenposten Nederland, zorgverzekeraars en de minister van VWS een hoofdlijnenakkoord gesloten. In dat akkoord zijn een gezamenlijke visie op de gewenste ontwikkelingen in de eerste lijn en een agenda voor de toekomst vastgesteld voor de periode 2014-2018. Uitgangspunt is het totale kader voor huisartsenzorg en multidisciplinaire zorg in de komende jaren verder te vergroten, de basisvoorziening huisartsenzorg in stand te houden en te sturen op verplaatsing van tweedelijnszorg naar de eerste lijn. In het akkoord zijn ook afspraken gemaakt over macrobeheersing en monitoring, waarbij het uitgangspunt is dat budget de zorg volgt en dat overschrijding daar wordt geredresseerd waar die veroorzaakt is. Bij overschrijding wordt ook geanalyseerd of de overschrijding gewenst of ongewenst is. Voor de huisartsenzorg en de multidisciplinaire zorg worden aparte macrobeheersinstrumenten gehanteerd.

84. Welke rol heeft het NHG in de huisartsenzorg?

Het NHG is de wetenschappelijke vereniging van de huisartsen. Elke medische discipline in Nederland heeft een dergelijke wetenschappelijke vereniging. Het NHG heeft als doel een wetenschappelijk verantwoorde beroepsuitoefening door de huisarts te bevorderen. Vooral door het ontwikkelen en uitbrengen van de NHG-standaarden en -standpunten draagt het NHG bij aan de vertaling van wetenschappelijke kennis naar de praktijk en op die manier aan de professionalisering van de huisarts. Het NHG werkt daartoe samen met vele partijen, zoals de LHV, het Ministerie van VWS, Zorgverzekeraars Nederland, patiëntenverenigingen, brancheorganisaties in de eerste en tweede lijn en met de acht afdelingen Huisartsgeneeskunde van de UMC's. Samen met de LHV heeft het NHG de NHG/LHV Toekomstvisie Huisartsenzorg 2022 *Modernisering naar de menselijke maat* uitgebracht, waarin de uitgangspunten en de ambities van de huisartsenzorg voor de komende jaren beschreven staan.

Uitvoering Zorgverzekeringswet

© Bohn Stafleu van Loghum, onderdeel van Springer Media BV 2016
C. Beerepoot, H. van der Horst, *112 vragen over de zorgverzekeringswet*,
DOI 10.1007/978-90-368-1316-7_6

85. Welke rol speelt het Zorginstituut in de Zvw?

Op 1 april 2014 is het Zorginstituut opgericht, een zelfstandig bestuursorgaan dat erop toeziet dat de Nederlandse burgers verzekerd zijn en blijven volgens de Zvw en de Wlz. Het Zorginstituut adviseert de overheid over de inhoud en omvang van het wettelijk verzekerde zorgpakket, een taak die tot die tijd door het College voor Zorgverzekeringen (CVZ) werd uitgeoefend. Het CVZ is opgegaan in het Zorginstituut. Een derde belangrijke taak van het Zorginstituut, dat ook wel aangeduid wordt als kwaliteitsinstituut, is het verbeteren van de kwaliteit van de gezondheidszorg in Nederland door de partijen die zorg leveren, daarbij te adviseren en te helpen. Het Zorginstituut heeft daarvoor samen met partijen in de zorg een toetsingskader ontwikkeld. Kwaliteitsstandaarden, informatiestandaarden en meetinstrumenten die voldoen aan het toetsingskader, worden opgenomen in het register van het Zorginstituut. Dat register is voor iedereen toegankelijk. Het ontsluiten van informatie over de kwaliteit van zorg voor de Nederlandse burger is dan ook een belangrijke taak van het Zorginstituut. Een laatste taak van het Zorginstituut is het adviseren van de overheid over vernieuwingen en verbeteringen van beroepen en opleidingen in de zorg.

86. Welke rol heeft de NZa in de uitvoering van de Zvw?

De NZa is verantwoordelijk voor het toezicht op de uitvoering van de Zvw en de Wlz (uitvoeringstoezicht). Ook is de NZa verantwoordelijk voor het toezicht op de naleving van de Wet marktordening gezondheidszorg. Voor de meeste zorgbehandelingen maken zorgverzekeraars en zorgaanbieders samen afspraken over de inhoud van de behandeling, de kwaliteit en de prijs ervan. Sommige prijzen stelt de NZa vast, bijvoorbeeld de tarieven voor de zorg in een instelling voor ouderen of mensen met een verstandelijke beperking. Maar ook bijvoorbeeld de tarieven voor de zorg die de huisarts en de tandarts verlenen.

87. Welke rol speelt de Autoriteit Consument & Markt in de Zvw?

De Autoriteit Consument & Markt (ACM) kijkt zowel naar de belangen van consumenten als naar machtsposities van bedrijven in de markt. De ACM beoordeelt bijvoorbeeld beoogde fusies van verzekeraars en kijkt dan in hoeverre de fusie kan leiden tot een machtspositie bij het aanbieden van zorgverzekeringen. Voorts houdt de ACM sectorspecifiek markttoezicht (de zorgspecifieke fusietoets en het instrument van aanmerkelijke marktmacht (AMM)). De consument kan terecht op ▶ www.consuwijzer.nl, waar hulp wordt geboden bij het overstappen naar een andere zorgverzekeraar, informatie wordt gegeven over zorgaanbieders enzovoort.

88. Wat is de rol van de Sociale Verzekeringsbank in de Zvw?

De Sociale Verzekeringsbank (SVB) heeft een rol:
- bij de uitvoering van de regeling voor gemoedsbezwaarden;
- bij het Zvw-budget;
- in de controle of Zvw-verzekeringsplichtigen onterecht niet zijn verzekerd; het Zorginstituut schrijft deze ten onrechte onverzekerden vervolgens aan.

89. Wat is de rol van het Centraal Administratiekantoor in het zorgstelsel?

Het Centraal Administratiekantoor (CAK) heeft verschillende wettelijke taken. Een van de taken is het vaststellen en innen van de eigen bijdragen voor de Wmo en de Wlz alsmede het innen van de ouderbijdrage in het kader van de Jeugdwet. Daarnaast is het CAK verantwoordelijk voor de financiering van Wlz-instellingen. Het CAK zorgt voor de afronding van de algemene tegemoetkoming voor chronisch zieken en gehandicapten (Wtcg) over 2013 tot 1 januari 2016.

90. Wat is de rol van het Centrum indicatiestelling zorg in het zorgstelsel?

Het Centrum indicatiestelling zorg (CIZ) beoordeelt of verzekerden recht hebben op zorg via de Wlz. Het CIZ beoordeelt dit aan de hand van landelijke, uniforme en objectieve criteria. Het CIZ speelt geen rol bij de indicatiestelling in de Zvw.

Tarieven huisartsen

© Bohn Stafleu van Loghum, onderdeel van Springer Media BV 2016
C. Beerepoot, H. van der Horst, *112 vragen over de zorgverzekeringswet*,
DOI 10.1007/978-90-368-1316-7_7

91. Wat zijn de consult- en inschrijftarieven in 2016?

Het consulttarief in 2016 bedraagt € 9,07. Het inschrijftarief bedraagt € 14,72 per kwartaal.

92. Hoe is het tarievensysteem voor de huisarts opgebouwd?

Vanaf 2015 is voor huisartsen en aanbieders van multidisciplinaire zorg een bekostiging in drie segmenten ingevoerd. Het eerste segment is de basiszorg, daarin zitten het inschrijftarief en de consulten bij en de visites van de huisarts. Dit segment kent ook een aantal nieuwe prestaties, bijvoorbeeld 'chirurgie'. In het tweede segment worden de multidisciplinaire ketens voor chronische zorg bekostigd waarover landelijk overeenstemming bestaat. Vooralsnog zijn dat diabetes, COPD en cardiovasculair risicomanagement. In 2015 is daar astma bij gekomen. Het veld kan komende jaren voorstellen doen om nieuwe zorgprogramma's aan dit tweede segment toe te voegen, bijvoorbeeld voor ouderenzorg. In het derde segment kunnen resultaten (op praktijkniveau) beloond worden en kan zorginnovatie worden gestimuleerd. Dit segment is als het ware de kraamkamer van vernieuwing. Veel van de bestaande M&I-verrichtingen en -modules krijgen hierin een plek, in de vorm van nieuwe prestaties. Hierbij valt te denken aan afspraken over doorverwijzen, doelmatig voorschrijven, diagnostiek, service en bereikbaarheid en eHealth. Huisartsen en verzekeraars maken hier samen afspraken over. Dit segment omvat ook een nieuwe prestatie: het meekijkconsult (zie vraag 80).

De NZa heeft het effect van de nieuwe bekostiging op huisartsenpraktijken doorgerekend in een impactanalyse. Daaruit blijkt dat vrijwel alle praktijken er financieel geen grote gevolgen van zullen ondervinden. Zorgverzekeraars hebben daarbij aangegeven dat ze maatwerkoplossingen kunnen bieden voor de uitzonderingen waar het nieuwe beleid wel leidt tot grote nadelige effecten.

93. Welke tarieven zijn van toepassing voor de avond-, nacht- en weekenddiensten?

Voor de avond-, nacht- en weekenddiensten kunnen huisartsen deelnemen aan een huisartsendienstenstructuur (HDS). In Nederland zijn ongeveer zestig HDS'en actief. Een HDS kan uit een aantal huisartsenposten bestaan. Een patiënt kan bij de huisartsenpost terecht voor een consult, visite of telefonisch consult. De nota wordt naar de zorgverzekeraar verstuurd via de HDS. De tarieven voor de HDS'en zijn vaste tarieven.

94. Is er een prikkel ingebouwd in het zorgstelsel om huisartsen doelmatiger te laten verwijzen?

Huisartsen die doelmatig doorverwijzen en voorschrijven of een bijzonder goede service en bereikbaarheid hebben, kunnen daar vanaf 2015 door verzekeraars voor beloond worden. In de nieuwe tarieven en prestaties voor huisartsen is naast de basiszorg die huisartsen leveren, ook ruimte gemaakt voor beloning van gezondheidsuitkomsten (zie vraag 92 over het derde segment). De nieuwe prestaties en tarieven moeten er verder aan bijdragen dat zorg in de buurt steviger verankerd is. Het uitgangspunt daarbij is dat chronisch zieken en mensen met een complexe zorgvraag zo goed mogelijk dichtbij huis door de huisarts geholpen kunnen worden, waar nodig in samenwerking met bijvoorbeeld de wijkverpleegkundige en maatschappelijk werker. Deze zorg in samenwerking heet multidisciplinaire zorg.

95. Gesproken wordt over het macrobeheersinstrument. Wat is dat?

Per 1 januari 2015 is een macrobeheersinstrument van kracht voor de huisartsenzorg en multidisciplinaire zorg. Dit is een set van afspraken om eventuele overschrijdingen van het budgettair kader terug te kunnen halen bij de huisartsen. Na afloop van het jaar 2015 beoordeelt de minister van VWS of er sprake is van een overschrijding van het budgettair kader. Is dit het geval, dan gaat de minister in overleg met veldpartijen over de precieze oorzaken en de beleidsmatige wenselijkheid daarvan. De minister van VWS bepaalt of het macrobeheersinstrument ingezet wordt en, zo ja, wat de omvang is van het bedrag dat verhaald moet worden. Het jaar 2015 is het eerste jaar waarop het macrobeheersinstrument huisartsenzorg en het macrobeheersinstrument multidisciplinaire zorg van kracht zijn.

Aanverwante wetgeving

© Bohn Stafleu van Loghum, onderdeel van Springer Media BV 2016
C. Beerepoot, H. van der Horst, *112 vragen over de zorgverzekeringswet*,
DOI 10.1007/978-90-368-1316-7_8

96. Wanneer kan de verzekerde een beroep doen op de Wlz?

De Wlz, voorheen de AWBZ, is per 1 januari 2015 in werking getreden in het kader van de stelselwijzing langdurige zorg. Er zijn grote pakketverschuivingen opgetreden tussen de AWBZ, de Zvw, de Jeugdwet en de nieuwe Wmo 2015. De Wlz is nog uitsluitend gericht op verzekerden die vanwege een somatische of psychogeriatrische aandoening of beperking, of een verstandelijke, lichamelijke of zintuiglijke beperking, *blijvend* behoefte hebben aan:
- permanent toezicht ter voorkoming van escalatie van problematiek of ernstig nadeel; of
- 24 uur per dag zorg in de vorm van begeleiding of zorg in de nabijheid, omdat de cliënt, om ernstig nadeel voor hemzelf te voorkomen, – door fysieke problemen – voortdurend begeleiding, verpleging of overname van zelfzorg nodig heeft, of – door zware regieproblemen – voortdurend begeleiding of overname van taken nodig heeft.

97. Welke zorgvormen vallen onder de Wlz?

De verzekerde zorg in de Wlz bestaat uit een integraal pakket, dat de volgende onderdelen omvat:
- verblijf in een instelling;
- persoonlijke verzorging, begeleiding en verpleging;
- behandeling, zowel Wlz-behandeling als algemene medische zorg;
- hulpmiddelen;
- vervoer voor begeleiding of behandeling;
- woningaanpassingen voor cliënten tot 18 jaar.

98. Wie bepaalt of een verzekerde recht heeft op zorg ingevolge de Wlz?

Het CIZ voert een indicatieonderzoek uit om te bepalen of de verzekerde naar aard, inhoud en (globale) omvang redelijkerwijs op Wlz-zorg is aangewezen. Vervolgens wordt een indicatiebesluit afgegeven. In dit besluit stelt het CIZ tevens vast in welk inhoudelijk zorgprofiel de cliënt het beste past. Het CIZ richt het besluit aan de verzekerde, die daartegen bezwaar kan maken en in beroep kan gaan.

99. Er zijn verschillende vormen waarop de Wlz-zorg kan worden aangeboden. Welke vormen worden onderscheiden?

In de Wlz zijn verschillende leveringsvormen geïntroduceerd. Het gaat om zorg in natura, modulair pakket thuis, volledig pakket thuis en het pgb. Voor de algemeen medische zorg geldt dat deze alleen tot het verzekerd pakket in de Wlz behoort indien de cliënt verblijft in een instelling en daar tevens Wlz-behandeling ontvangt. Het gaat hierbij onder andere om geneeskundige zorg van algemeen medische aard (huisartsenzorg), behandeling van een psychische stoornis, farmaceutische zorg, hulpmiddelen, tandheelkundige zorg en kleding.

Wanneer een Wlz-gerechtigde thuis woont met behulp van een volledig pakket thuis of pgb, komt deze zorg ten laste van de Zvw in plaats van de Wlz.

100. Wat wordt verstaan onder kortdurend eerstelijnsverblijf?

Het gaat bij eerstelijnsverblijf om een medisch noodzakelijk kortdurend verblijf in een zorginstelling onder verantwoordelijkheid van een huisarts, waarbij 24-uurs toezicht of zorg in de nabijheid aanwezig is, al dan niet gepaard gaande met verpleging, verzorging of paramedische zorg. In principe wordt huisartsenzorg op de praktijk van de huisarts geleverd of in de eigen omgeving van de cliënt. Als de zorg daar niet verantwoord en adequaat geleverd wordt en toezicht of 24 uur per dag zorg in de nabijheid nodig is, kan de huisarts besluiten op basis van deze subsidieregeling dat er reden is voor een tijdelijke opname. De huisarts heeft de (eind)verantwoordelijkheid voor de verzekerde tijdens het verblijf. Hij kan deze overdragen aan een andere arts, bijvoorbeeld een specialist ouderengeneeskunde, die tijdens het verblijf wordt ingeschakeld.

101. Zijn er verschillende zorgzwaarten als het gaat om eerstelijnsverblijf?

Ja, er wordt onderscheid gemaakt tussen eerstelijnsverblijf basis en intensief. Bij eerstelijnsverblijf basis is sprake van een enkelvoudige aandoening waarvoor medisch noodzakelijk kortdurend verblijf aangewezen is. De zorg richt zich op de aandoening waarvoor de cliënt is opgenomen. Bij eerstelijnsverblijf intensief is sprake van meerdere, elkaar beïnvloedende aandoeningen of beperkingen. Daarnaast is er eerstelijnsverblijf palliatief in geval van een levensbedreigende ziekte en de levensverwachting niet langer dan drie maanden bedraagt.

102. Valt eerstelijnsverblijf onder de Zvw?

Nee, het zogenoemde eerstelijnsverblijf is geregeld in een tijdelijke subsidieregeling onder de Wlz. Het is de bedoeling dat deze zorg per 1 januari 2017 wel als te verzekeren prestatie onder de Zvw gaat vallen.

103. Welke rol spelen de gemeenten indien maatschappelijke ondersteuning voor verzekerden nodig is?

Per 1 januari 2015 is in het kader van de stelselherziening langdurige zorg een nieuwe Wet maatschappelijke ondersteuning van kracht: Wmo 2015. Het uitgangspunt van de Wmo is dat de gemeenten (de uitvoerders van deze wet) de verzekerde ondersteunen om zo lang mogelijk in zijn eigen leefomgeving te kunnen blijven wonen.

104. Wat is een maatwerkvoorziening die aangeboden wordt door de gemeente?

De Wmo 2015 voorziet in twee soorten zorg, de maatwerkvoorzieningen en de algemene voorzieningen. Bij maatwerkvoorzieningen kan een inwoner van een gemeente een beroep doen op vervoersvoorziening, vervoer in de regio (voor mensen die slecht ter been zijn en niet met het openbaar vervoer kunnen reizen), individuele begeleiding, beschermde woonplek, dagbesteding op maat, aanpassingen in de woning (bijvoorbeeld een traplift of een verhoogd toilet), respijtzorg, ondersteuning van mantelzorgers, en huishoudelijke hulp (zoals hulp bij het opruimen, schoonmaken en ramen zemen). Deze zorgvormen kunnen worden aangeboden in natura of in de vorm van een pgb.

105. Is voor de maatwerkvoorziening een eigen bijdrage verschuldigd?

Ja, voor deze zorg kan een eigen bijdrage verschuldigd zijn voor inwoners van 18 jaar en ouder. De hoogte van de eigen bijdrage wordt vastgesteld op basis van leeftijd, huishoudsamenstelling, het verzamelinkomen en -vermogen alsmede de voorzieningen die een inwoner al krijgt. De hoogte van de eigen bijdrage kan verschillen per gemeente. Deze eigen bijdrage wordt vastgesteld en geïnd door het CAK.

106. Wat is een door de gemeente aangeboden algemene voorziening?

Op grond van de Wmo 2015 bieden gemeenten een 'algemene voorziening' aan. Een algemene voorziening is voor iedereen vrij toegankelijk, zonder voorafgaand onderzoek naar de persoonlijke omstandigheden van iemand. Voorbeelden van algemene voorzieningen zijn:
- boodschappendienst;
- een ontmoetingsruimte voor mensen die eenzaam zijn;
- maaltijdverzorging (tafeltje-dekje genoemd);
- maatschappelijke opvang (bijvoorbeeld blijf-van-mijn-lijfhuizen en daklozenopvang);
- hulp aan buurthuizen en verenigingen.

De gemeente kan een bijdrage vragen voor het gebruik van deze algemene voorziening.

107. Wat regelt de Wet marktordening gezondheidszorg?

Per 1 oktober 2006 is de Wet marktordening gezondheidszorg (Wmg) in werking getreden. De Zvw gaat ervan uit dat zorgverzekeraars concurreren in de zorg. Gereguleerde marktwerking vervangt decentrale aanbodsturing, waarbij de overheid meer optreedt als kaderstellende toezichthouder. In het kader van de Wmg is de NZa in het leven geroepen als marktmeester op de verschillende deelmarkten. Het doel is om de publieke belangen te waarborgen, waarbij een goede kwaliteit, toegankelijkheid en betaalbaarheid het uitgangspunt vormen. De NZa maakt, bewaakt en reguleert de zorginkoopmarkt, de zorgverleningsmarkt en de zorgverzekeringsmarkt. Belangrijke doelstelling van de NZa is om de genoemde markten zo transparant mogelijk te maken.

108. Wat behelst de Wet kwaliteit, klachten en geschillen zorg?

In de Wet kwaliteit, klachten en geschillen zorg (Wkkgz), die per 1 januari 2016 in werking is getreden, zijn regels opgenomen ter versterking van de positie van de cliënt in samenhang met de verantwoordelijkheden van zorgaanbieders voor de kwaliteit van zorg. De Wkkgz kent voor zorgaanbieders de verplichting om goede zorg te leveren en de zorg zo te organiseren en zich zowel kwalitatief als kwantitatief zodanig van personele en materiële middelen te bedienen, dat een en ander redelijkerwijs moet leiden tot het verlenen van goede zorg. De zorgaanbieder is in het verlengde daarvan ook verantwoordelijk voor het gebruik van medische technologie bij de zorgverlening. Deze wet is op 6 oktober 2015 aangenomen door de Eerste Kamer der Staten-Generaal. Op 1 januari 2016 is de Wkkgz in werking getreden. Met de inwerkingtreding van de Wkkgz vervalt de Kwaliteitswet.

109. Geeft de Wkkgz ook een mogelijkheid om een klacht in te dienen tegen een zorgaanbieder?

Ja, als patiënt en zorgaanbieder er onderling (via een klachtfunctionaris) niet uitkomen als sprake is van een klacht van de patiënt, kan een onafhankelijke geschillencommissie worden ingeschakeld. Deze geschillencommissie doet vervolgens een bindende uitspraak.

110. Wat is geregeld in het wetsvoorstel tot afschaffing van de zogenoemde werelddekking?

Als een verzekerde tijdens een reis in het buitenland medische zorg nodig heeft, worden de zorgkosten deels vergoed uit het basispakket Zvw. Hoe hoog de vergoeding is, hangt af van de polis. In elk geval is deze niet hoger dan de Nederlandse tarieven. Aan deze vergoeding vanuit het basispakket komt met een aangekondigd wetsvoorstel een einde. Verzekerden die buiten Europa reizen, zullen, indien het wetsvoorstel wordt aanvaard door de Staten-Generaal, daarvoor per 1 januari 2017 aangewezen zijn op een aanvullende verzekering of een reisverzekering. Op deze hoofdregel zullen twee uitzonderingen blijven bestaan. De beperking van de werelddekking geldt niet voor mensen die voor hun werkgever of uit hoofde van beroepsuitoefening in het buitenland verblijven en hun Zvw-verzekerde gezinsleden. Er is ook een uitzondering wanneer iemand zorg nodig heeft die wel in het pakket zit, maar die alleen buiten Europa verkrijgbaar is.

111. Is het pgb in de Zvw een recht van de verzekerde?

Nee, op dit moment heeft de verzekerde geen afdwingbaar recht op een pgb. Het hangt af van de zorgpolis die wordt aangeboden, of daarin een pgb is aangeboden. De wet van 9 maart 2016, Stb. 2016, 108 is voorzien in een plicht voor zorgverzekeraars om in alle polissen de mogelijkheid van een persoonsgebonden budget (Zvw-pgb) ter vergoeding van de kosten van verpleging en verzorging op te nemen. Voorts is geregeld dat in nadere regels gesteld kunnen worden over de hoogte van de vergoeding en de voorwaarden waaronder de verzekerde in aanmerking kan komen voor een Zvw-pgb. Deze wet is nog niet inwerking getreden.

112. Hoe ziet de zorgnota eruit per 1 juni 2014?

Voor alle behandelingen in ziekenhuizen of zelfstandige klinieken die vanaf 1 juni 2014 zijn gestart, krijgen patiënten een duidelijke zorgnota van hun zorgverzekeraar. Het specialisme van de behandelaar, de diagnose, de naam van de zorgaanbieder, de kosten en de handelingen die zijn uitgevoerd, staan op de nota. Patiënten kunnen deze vernieuwde zorgnota in de digitale 'mijn omgeving' op de website van de zorgverzekeraar inzien. De zorgverzekeraars en de ziekenhuizen hebben een website gemaakt, ▶ www.dezorgnota.nl, waarop meer informatie is gegeven over de zorgnota.

Bijlagen

Bijlage 1 – 48

Bijlage 2 – 50

Bijlage 3 – 52

Bijlage 4 – 53

© Bohn Stafleu van Loghum, onderdeel van Springer Media BV 2016
C. Beerepoot, H. van der Horst, *112 vragen over de zorgverzekeringswet*,
DOI 10.1007/978-90-368-1316-7

Bijlage 1

Bekostiging huisartsenzorg aan asielzoekers

Er komen op dit moment veel vluchtelingen naar Nederland. Wij krijgen vragen van zorgaanbieders en zorgverzekeraars hoe de kosten van huisartsenzorg in rekening moeten worden gebracht. In dit factsheet staat hoe de bekostiging van huisartsenzorg aan vluchtelingen, asielzoekers en mensen met een verblijfsvergunning is geregeld.

Het Centraal Orgaan opvang Asielzoekers (COA) zorgt voor de opvang en begeleiding van vluchtelingen en asielzoekers in Nederland. De zorg aan asielzoekers valt binnen de reikwijdte van de Wet marktordening gezondheidszorg. Dit betekent dat de huisartsenzorg in rekening moet worden gebracht op grond van de door de NZa vastgestelde prestaties en bijbehorende tarieven.

Huisartsenzorg aan asielzoekers in de gemeentelijke noodopvang

Vluchtelingen hebben geen zorgverzekering. Het Ministerie van Veiligheid en Justitie (V&J) heeft het COA gevraagd een regeling te treffen om de kosten van huisartsenzorg aan asielzoekers in de gemeentelijke noodopvang te vergoeden. Zorgaanbieders kunnen kosten voor huisartsenzorg aan deze patiënten rechtstreeks in rekening brengen bij het COA. Dit gebeurt bij voorkeur met een maandelijkse verzamelnota. Voor de geleverde huisartsenzorg kunnen de prestaties voor incidentele en acute hulpverlening door zorgaanbieders die geneeskundige zorg leveren, zoals huisartsen die bieden aan passanten, in rekening worden gebracht. Daarnaast mogen de tarieven voor M&I-verrichtingen die zijn overeengekomen met de preferente zorgverzekeraar, worden gedeclareerd. Het Ministerie van V&J betaalt de kosten van huisartsenzorg aan mensen in een noodopvanglocatie.

Huisartsenzorg aan asielzoekers in de COA-opvang

Zorgverzekeraar Menzis is sinds 2009 in opdracht van het COA verantwoordelijk voor de organisatie van de zorg aan asielzoekers. Het recht op zorg is vastgelegd in de Regeling Zorg Asielzoekers. Iedere asielzoeker wordt ingeschreven bij het Gezondheidscentrum voor asielzoekers (GC A). Het GC A contracteert de medische zorg voor asielzoekers (7 × 24 uur). De asielzoeker kan alleen zorg afnemen bij een gecontracteerde zorgaanbieder. De zorgaanbieder declareert de geleverde huisartsenzorg bij Menzis. Voor de geleverde huisartsenzorg kan de prestatie huisartsenzorg voor asielzoekers in centrale opvang (abonnementstarief) in rekening worden gebracht. Daarnaast is de met Menzis overeengekomen lijst van M&I-verrichtingen van toepassing. Als de gecontracteerde zorgaanbieder de zorg in de ANW-uren uitbesteedt aan een huisartsenpost, dan kan de huisartsenpost de voor haar geldende tarieven in rekening brengen. De huisarts declareert voor de gewerkte uren in de ANW het ANW-uurtarief aan de huisartsenpost. Het Ministerie van V&J betaalt de kosten van huisartsenzorg aan mensen die verblijven in een COA-opvanglocatie.

Huisartsenzorg aan mensen met een verblijfsvergunning

Als de asielzoeker een verblijfsvergunning krijgt (vergunninghouder), kunnen er twee situaties voorkomen:
- De vergunninghouder verblijft nog in een asielzoekerscentrum in afwachting van plaatsing in een gemeente.
- De vergunninghouder wordt direct geplaatst in een gemeente.

Als een vergunninghouder nog in een asielzoekerscentrum verblijft, valt de bekostiging van huisartsenzorg onder de Regeling Zorg Asielzoekers (zie de toelichting bij huisartsenzorg aan asielzoekers in de COA-opvang). Het Ministerie van V&J betaalt deze kosten. Als een vergunninghouder wordt geplaatst in een gemeente moet hij een basisverzekering afsluiten bij een zorgverzekeraar. De huisartsenzorg valt dan onder de Zorgverzekeringswet (Zvw) en wordt vergoed door de zorgverzekeraar. Voor de geleverde huisartsenzorg kunnen de reguliere prestaties en tarieven die gelden voor ingeschreven verzekerden, in rekening worden gebracht. Als de zorgaanbieder de zorg in de ANW-uren uitbesteedt aan een huisartsenpost, dan kan de huisartsenpost de voor haar geldende tarieven in rekening brengen. De huisarts declareert voor de gewerkte uren in de ANW in dat geval het ANW-uurtarief aan de huisartsenpost.

Factsheet beschikbaar gesteld door de Nederlandse Zorgautoriteit (november 2015)

Bijlage 2

Besluit zorgverzekering

Bijlage behorende bij artikel 2.6, tweede lid.
1. De aandoening, bedoeld in artikel 2.6, tweede lid, betreffen:
   a. een van de volgende aandoeningen van het zenuwstelsel:
      1. cerebrovasculair accident;
      2. ruggenmergaandoening;
      3. multipele sclerose;
      4. perifere zenuwaandoening indien sprake is van motorisch uitval;
      5. extrapiramidale aandoening;
      6. motorische retardatie of een ontwikkelingsstoornis van het zenuwstelsel en hij is jonger dan 17 jaar;
      7. aangeboren afwijking van het centraal zenuwstelsel;
      8. cerebellaire aandoening;
      9. uitvalsverschijnselen als gevolg van een tumor in de hersenen of het ruggenmerg dan wel als gevolg van hersenletsel;
      10. radiculair syndroom met motorische uitval;
      11. spierziekte;
      12. myasthenia gravis;

   b. of een van de volgende aandoeningen van het bewegingsapparaat:
      1. aangeboren afwijking;
      2. progressieve scoliose;
      3. juveniele osteochondrose en hij jonger is dan 22 jaar;
      4. reflexdystrofie;
      5. [vervallen;]
      6. fractuur als gevolg van morbus Kahler, botmetastase of morbus Paget;
      7. frozen shoulder (capsulitis adhaesiva);
      8. [vervallen;]
      9. [vervallen;]
      10. [vervallen;]
      11. [vervallen;]
      12. [vervallen;]
      13. huperostotische spondylose (morbus Forestier);
      14. collageenziekten;
      15. status na amputatie;
      16. whiplash;
      17. postpartum bekkeninstabiliteit;
      18. fracturen indien deze conservatief worden behandeld;
   c. [vervallen;]
   d. of een van de volgende aandoeningen:
      1. chronic obstructive pulmonary disease indien sprake is van stadium II of hoger van de GOLD Classificatie voor COPD;
      2. aangeboren afwijking van de tractus respiratorius;

3. lymfoedeem;
4. littekenweefsel van de huid al dan niet na een trauma;
5. status na opname in een ziekenhuis, een verpleeginrichting of een instelling voor revalidatie dan wel na dagbehandeling in een instelling voor revalidatie en de hulp dient ter bespoediging van het herstel na ontslag naar huis of de beëindiging van de dagbehandeling;
6. claudiacatio intermittens (vasculair) graad 2 of 3 Fontaine;
7. weke delen tumoren;
8. diffuse interstitiële longaandoening indien sprake is van ventilatoire beperking of diffusiestoornis.

2. Indien het een aandoening betreft als bedoeld in het eerste lid, onderdeel a, subonderdeel 10, of onderdeel b, subonderdeel 17, is de duur van de behandeling maximaal drie maanden.
3. Indien het een aandoening betreft als bedoeld in het eerste lid, onderdeel b, subonderdeel 18, is de duur van de behandeling maximaal zes maanden na conservatieve behandeling.
4. Indien het een aandoening betreft als bedoeld in het eerste lid, onderdeel b, subonderdeel 7, of onderdeel d, subonderdeel 6, is de duur van behandeling maximaal twaalf maanden.
5. Indien het een aandoening betreft als bedoeld in het eerste lid, onderdeel d, subonderdeel 5, is de duur van de behandeling maximaal twaalf maanden in aansluiting op ontslag naar huis of beëindiging van de behandeling in de instelling, bedoeld in het eerste lid, onderdeel d, subonderdeel 5. Indien het een aandoening betreft als bedoeld in het eerste lid, onderdeel b, subonderdeel 16, is de duur van de behandeling maximaal drie maanden. Indien hierna nog sprake is van de trias bewegingsverlies, conditieverlies en cognitieve stoornissen, kan deze periode verlengd worden met maximaal zes maanden.
6. Indien het een aandoening betreft als bedoeld in het eerste lid, onderdeel d, subonderdeel 7, is de duur van behandeling maximaal twee jaren na bestraling.

Bijlage 3

Wijziging tarief gemoedsbezwaarden

Naar aanleiding van een recent signaal van de Landelijke Huisartsen Vereniging heeft de NZa geconstateerd dat bij de totstandkoming van de tariefbeschikking 2016 voor huisartsenzorg en multidisciplinaire zorg (TB/CU-7123-02) een rekenfout is gemaakt. Het betreft de tarieven die in rekening worden gebracht voor huisartsenzorg aan gemoedsbezwaarden. Op basis van deze constatering geven wij een nieuwe tariefbeschikking af die deze omissie rechtzet. In de bijgevoegde nieuwe tariefbeschikking zijn de tarieven voor de specifieke prestaties als volgt bijgesteld.

gemoedsbezwaarden	TB/CU-7123-02	TB/CU-7123-03 (nieuw)
consult gemoedsbezwaarde	€ 29,52	€ 29,52
consult gemoedsbezwaarde langer dan 20 minuten	€ 56,65	€ 59,04
visite gemoedsbezwaarde	€ 43,08	€ 44,28
visite gemoedsbezwaarde langer dan 20 minuten	€ 70,21	€ 73,80
telefonisch consult gemoedsbezwaarde	€ 15,96	€ 14,76
vaccinatie gemoedsbezwaarde	€ 15,96	€ 14,76

De herziene tariefbeschikking (TB/CU-7123-03) is met ingang van 1 februari 2016 in werking getreden.

Bijlage 4

Tarievenlijst huisartsenzorg en multidisciplinaire zorg 2016

Hieronder treft u de inhoudsopgave aan van de tariefbeschikking TB/CU-7123-04 die opgesteld is door de Nederlandse Zorgautoriteit. Het gehele document is te vinden op ▶ www.nza.nl. Check bij openen van het document of de status nog actief is, anders wordt u automatisch geleid naar een opvolgende editie.

Inhoudsopgave
1. Segment 1
    1.1   Inschrijving
    1.2   Consult
    1.3   POH-GGZ
    1.4   Onderlinge dienstverlening POH-GGZ
    1.5   Overige S1-verrichtingen

2. Segment 2
    2.1   Multidisciplinaire zorg DM2/VRM
    2.2   Multidisciplinaire zorg COPD/Astma
    2.3   Module geïntegreerde eerstelijnszorg

3. Segment 3
    3.1   Resultaatbeloning
    3.2   Zorgvernieuwing

4. Prestaties buiten segmenten
    4.1   ANW-verrichtingen in HDS
    4.2   ANW-verrichtingen buiten HDS
    4.3   Informatieverzoek bedrijfsarts of verzekeringsarts
    4.4   Uitstrijkjes
    4.5   Keuringen en onderzoek
    4.6   Verbruiksmaterialen
    4.7   Kostenvergoedingen
    4.8   SCEN-consultatie
    4.9   Huisartsenzorg voor asielzoekers in de centrale opvang
    4.10 Module achterstandsfonds
    4.11 M&I-verrichtingen

5. Verloskundige hulp
6. Medicatiebeoordeling chronisch UR-geneesmiddelengebruik
7. De opslagwijken

▶ https://www.nza.nl/regelgeving/tarieven-en-prestaties/TB_CU_7123_04__Huisartsenzorg_en_multidisciplinaire_zorg_2016

MIX
Papier aus verantwortungsvollen Quellen
Paper from responsible sources
FSC® C105338

If you have any concerns about our products,
you can contact us on
ProductSafety@springernature.com

In case Publisher is established outside the EU,
the EU authorized representative is:
**Springer Nature Customer Service Center GmbH
Europaplatz 3, 69115 Heidelberg, Germany**

Printed by Libri Plureos GmbH
in Hamburg, Germany